DIVERSIDADE, SEXUALIDADE E EDUCAÇÃO
VIVÊNCIAS EM PATROCÍNIO (MG)

Editora Appris Ltda.
1.ª Edição - Copyright© 2023 dos autores
Direitos de Edição Reservados à Editora Appris Ltda.

Nenhuma parte desta obra poderá ser utilizada indevidamente, sem estar de acordo com a Lei nº 9.610/98. Se incorreções forem encontradas, serão de exclusiva responsabilidade de seus organizadores. Foi realizado o Depósito Legal na Fundação Biblioteca Nacional, de acordo com as Leis nᵒˢ 10.994, de 14/12/2004, e 12.192, de 14/01/2010.

Catalogação na Fonte
Elaborado por: Josefina A. S. Guedes
Bibliotecária CRB 9/870

C957d
2023
	Cruz, Alexandre Vitor Castro da
	    Diversidade, sexualidade e educação : vivências em Patrocínio (MG) / Alexandre Vitor Castro da Cruz. – 1. ed. – Curitiba : Appris, 2023.
	    150 p. ; 41 cm. – (Educação e direitos humanos : diversidade de gênero, sexual e étnico-racial).
	
	    Inclui referências.
	    ISBN 978-65-250-5127-7
	
	    1. Orientação sexual. 2. Educação sexual. 3. Identidade de gênero. 4. Homossexualidade. 3. Bissexualidade. I. Título. II. Série.
	                                                    CDD – 372.372

Livro de acordo com a normalização técnica da ABNT

Appris editora

Editora e Livraria Appris Ltda.
Av. Manoel Ribas, 2265 – Mercês
Curitiba/PR – CEP: 80810-002
Tel. (41) 3156 - 4731
www.editoraappris.com.br

Printed in Brazil
Impresso no Brasil

Alexandre Vitor Castro da Cruz

DIVERSIDADE, SEXUALIDADE E EDUCAÇÃO
VIVÊNCIAS EM PATROCÍNIO (MG)

FICHA TÉCNICA

EDITORIAL	Augusto V. de A. Coelho
	Sara C. de Andrade Coelho
COMITÊ EDITORIAL	Marli Caetano
	Andréa Barbosa Gouveia - UFPR
	Edmeire C. Pereira - UFPR
	Iraneide da Silva - UFC
	Jacques de Lima Ferreira - UP
SUPERVISOR DA PRODUÇÃO	Renata Cristina Lopes Miccelli
ASSESSORIA EDITORIAL	Nicolas da Silva Alves
REVISÃO	Elaine Cristina Borges de Souza
	Isabel Tomaselli Borba
PRODUÇÃO EDITORIAL	Sabrina Costa
DIAGRAMAÇÃO	Bruno Ferreira Nascimento
CAPA	Lívia Costa

COMITÊ CIENTÍFICO DA COLEÇÃO EDUCAÇÃO E DIREITOS HUMANOS: DIVERSIDADE DE GÊNERO, SEXUAL E ÉTNICO-RACIAL

DIREÇÃO CIENTÍFICA Toni Reis

CONSULTORES

Daniel Manzoni (UFOP)

Belidson Dias (UBC Canadá)

Jaqueline Jesus (UNB)

Leonardo Lemos (Unicamp)

Wanderson Flor do Nascimento (UNB)

Marie Lissette (The American)

Guilherme Gomes (PUCRS)

Cleusa Silva (Unicamp)

Sérgio Junqueira
(Univ. Pontificia Salesiana-Roma-Italia)

Alexandre Ferrari (UFF)

Araci Asinelli (UFPR)

Fabio Figueiredo (PUCMG)

Grazielle Tagliamento (USP)

Magda Chinaglia (Unicamp)

Miguel Gomes Filho (Faed-UFGD)

Tereza Cristina (UFBA)

Jucimeri Silveira (PUC-SP)

Marcelo Victor (UFMS)

Cristina Camara (IFCS/UFRJ)

Vera Marques (Unisinos)

Antonio Pádua (UFRJ)

Lindamir Casagrande (UTFPR)

Mario Bernardo (UFRJ)

Helena Queiroz
(Universidad de La Empresa-Montevidéu)

Moisés Lopes (UNB)

Marco José de Oliveira Duarte (UERJ)

Marcio Jose Ornat (UEPG)

Dedico inicialmente a minha orientadora, professora doutora Fernanda Telles Márques, que sempre esteve ao meu lado pacientemente acreditando que eu venceria os obstáculos. A minha mãe, Avanda, que, embora sendo uma senhora de origens muito humildes, sempre acreditou em meus sonhos e me colocou para cima nos momentos mais difíceis para que essa vitória fosse possível. Meu irmão, Guilherme, que embora 11 anos mais novo, sempre foi meu amigo, meu filho, meu confidente. Aos avós, pelo olhar carinhoso de credibilidade que tudo daria certo. Às ex-diretoras e grandes amigas: Maria Candida Vieira de Souza e Ana Francisca Ferreira Resende. Ao meu grande amigo, ex-professor, ex-chefe e praticamente um pai, professor Eurípedes de Assis Peres. A todos os colegas de trabalho, e enfim, a todos e todas que acreditaram, ou não, que daria certo.

AGRADECIMENTOS

Gratidão é um dos sentimentos mais nobres do ser humano. Ela é essencial para a felicidade, para as boas relações de convivência, pois faz com que reconheçamos o grande valor das pequenas coisas. E é nesse "embalo" de amor, envolvido por um sentimento de imensa gratidão, que necessito agradecer tantas coisas e pessoas boas. Agradecer a Deus, pelo dom da vida, saúde e persistência que sempre me concedeu na condução de todos os meus projetos.

A minha orientadora, professora doutora Fernanda Telles Márques, sem sua presença constante, seu estímulo, suas broncas, nada seria possível. Você redirecionou, reconstruiu, reencaminhou e, a partir de todos esses direcionamentos com todas as dificuldades enfrentadas, me possibilitou não apenas adquirir o título de mestre, mais fazer algo que me engrandece como ser humano, e colabora no processo de formação de todas as pessoas inseridas no mesmo contexto que eu. A toda a minha família, que foi base fundamental, não só nesse percurso mais em toda a minha trajetória, em especial minha mãe, Avanda, irmão, Guilherme, avós, Avando e Avelina. Ao ex-professor, ex-chefe e sempre amigo, professor Eurípedes de Assis Peres, que sempre motivou e acreditou que aquele menino de origem humilde tinha capacidade. É impossível nominar e agradecer todos os amigos e todas as amigas que participaram muito ativamente desse processo, de maneira muito especial à senhora Maria Cândida Vieira de Souza e senhora Thelma Lúcia dos Anjos que participaram de cada momento de desespero, e me encorajaram dizendo que tudo daria certo. Por fim, agradecer a todas e todos os colegas de trabalho, alunos, amigos e amigas, que sempre acreditaram que seria possível. Realmente, vocês tinham razão. Deu certo! E agradecer é o mínimo que posso fazer, pois quando me lembro da infância humilde e de todas as dificuldades enfrentadas até aqui, meu coração se enche de alegria e gratidão em perceber que sonhar e acreditar são combustíveis essenciais na arte de realizar.

A educação é a arma mais poderosa que você pode usar para mudar o mundo.

(Nelson Mandela)

PREFÁCIO

A popularização dos Estudos de Gênero nas últimas duas décadas não se deu sem incômodos no mundo todo. Ela foi, antes, reflexo de um movimento que se iniciou no apagar das luzes do século 19 e se fortaleceu ao longo de todo o século seguinte: a irrupção do feminino e as grandes mudanças na estrutura familiar tradicional. Aquela que é uma das principais estruturas da sociedade patriarcal no capitalismo, o casamento arranjando, foi aos poucos dando lugar ao casamento mais pautado na valorização dos afetos que na manutenção dos bens e do status social de uma organização familiar. Como consequência, viu-se pela primeira vez a redução da natalidade, a criação de métodos contraceptivos e a crescente independência das mulheres que, especialmente nos períodos das Primeira e Segunda Guerra Mundial, assumiram os postos de trabalho dos homens que deixaram seus países para ocupar os campos de batalha. Essa nova ordem social reconfigurou os arranjos sociais de tal maneira que alterou a ótica sobre a maternidade, a sexualidade, a educação das crianças, o lugar da escola e os lugares sociais dos homens e mulheres.

Já nos anos 1970, a visão do poder masculino na família como o "chefe", que tinha no pai a referência de toda autoridade, a quem estava subjugada a mulher e seus filhos, aos poucos se desfazia no ar. Em seu lugar, entrava a figura da criança, a quem os pais — agora em uma relação, ao menos em tese, exclusivamente monogâmica, focada na manutenção da propriedade, na herança e na aquisição de bens materiais e imateriais e na ascensão social — deviam cuidar e assegurar um lar de afetos e de oportunidades. A igualdade entre homens e mulheres, contudo, não era uma realidade e, pelo contrário, não galgava conquistas sem abates com os conservadores saudosos da ordem social de outrora.

Como será possível ler ao longo do presente trabalhado, cujo prefácio tenho grande prazer de assinar, os movimentos feministas organizados do final no final século 19 pelo sufrágio universal, fez crescer as discussões sobre a sexualidade, que passa a ser tratada não mais como algo sumariamente biológico, mas como o resultado de vivências culturais, pessoais, afetivas, históricas e sociais. No século 20, especialmente após 1950, cresce o número de estudos que buscavam definir o que é o "gênero", a política econômica dos sexos e os lugares sociais que o modelo binário destinava aos cidadãos de todo o mundo. A partir de 1970, Simone de Beauvoir, Joan Scott, Michael Foucault, Elisabete Roudinesco e muitos outros hoje considerados clássicos dos Estudos de Gênero passaram a ocupar as referências bibliográficas nas publicações acadêmicas da Educação, Sociologia, Filosofia, Psicanálise e também das ciências da saúde nas mais respeitadas universidades, inclusive no Brasil.

Mas foi a partir de 1990, com a publicação de Judith Butler e de sua teoria queer, que compreender gênero e sexualidade se tornou uma urgência para explicar o binarismo, as dicotomias sociais e os papéis de gênero. Butler é uma grande referência para esta obra, já que é impossível pensar o lugar da diversidade sexual no sistema escolar sem pensar nas diferenças entre gênero, sexualidade, sexo biológico e nos discursos sobre o sexo, mesmo e ainda mais fortemente quando nosso olhar está voltado para uma cidade do interior de Minas Gerais.

A escola, inclusive, foi o maior alvo daqueles que se diziam preocupados com a integridade das crianças brasileiras: os partidários do movimento conservador, organizados em torno do Movimento Escola Sem Partido (MESP) que acreditam que aceitar a diversidade era corromper os infantes, condenavam o papel dos educadores e buscam, por meio do constrangimento de professores e professoras, defender uma "escola sem ideologia". Foi nesse contexto que surgiu e rapidamente se difundiu o conceito de "Ideologia de Gênero", que suprimia identidades e defendia que os modelos tradicionais familiares — heterossexuais, orientados pela hierarquia, monogâmicos e, preferencialmente, burgueses — estavam ameaçados pela simples existência de outras identidades que não estas. Armados de notícias falsas e disparos em massa, as articulações do MESP e de seu entorno fizeram parecer verdade histórias como a distribuição de um "kit gay" nas escolas, com direito a mamadeiras com formatos fálicos, a hipersexualização de crianças em aulas de educação sexual e diversos outros absurdos que serviram para fertilizar o terreno do ultraconservadorismo brasileiro. A defesa do trabalho que se segue é, portanto, um ato de coragem. Publicada em 2018, estava inserida em um contexto pós-impeachment, no qual o MESP e os conservadores foram grandes protagonistas. Isso porque foi nos governos petistas que a diversidade começou a conquistar alguns espaços, ainda muito distante do que reivindicavam os movimentos sociais. O impeachment de Dilma Rousseff e todo movimento em seu entorno escancarou as portas do conservadorismo brasileiro que estava adormecido desde a ditadura. "O gigante acordou", lema do movimento conservador nas primeiras manifestações ainda em 2013, não veio se não permeado de violências de gênero e de discursos machistas sobre a então presidenta do Brasil. Defendida apenas alguns meses antes da eleição de Jair Bolsonaro, "Gênero e diversidade sexual na escola: um estudo a partir do cotidiano de uma comunidade escolar do município de Patrocínio (MG)", é uma ótima referência para compreender no cosmos da escola no momento que antecede aquele que foi um dos mais sombrios da experiência política e social brasileira contemporânea. E que agora, em 2023, quando a ameaça ultraconservadora parece distanciar-se da realidade brasileira, pode ser lida com o prazer e a atenção que merece. Boa leitura!

Isadora Menezes

Mestre em Ciências Sociais pela Universidade Federal de Uberlândia (UFU)

PREÂMBULO

Seria impossível apresentar este estudo sem antes resgatar seus motivadores no percurso da minha vida pessoal, escolar e profissional. Caminhar por minhas memórias, revisitando minha infância, adolescência, formação acadêmica e carreira profissional, com certeza trará à tona elementos que facilitarão a compreensão do leitor e a percepção do porquê de um professor de cidade interiorana do estado de Minas Gerais se interessar por tema tão tabu na sociedade.

Desde muito cedo, fui uma criança "diferente". Nasci em uma comunidade rural, em uma família acostumada a trabalhar na condição de agricultura familiar para a subsistência. No entanto, sempre sonhei estudar, viajar, ter energia elétrica em casa, possuir automóvel, assistir TV, coisas estas que não fizeram parte de minha infância.

Iniciei minha trajetória estudantil aos quatro anos de idade, no Grupo Escolar Joaquim Alves, onde a professora dividia sua atenção com outros 12 colegas de diversas séries, desde o jardim até o quarto ano do ensino fundamental. Logo nos primeiros anos de escola, percebia que algo de diferente acontecia, pois enquanto meus coleguinhas adoravam o futebol e "lutinhas", sempre gostei do jogo de queimada e de brincadeiras mais "calmas", consideradas "brincadeiras de menina".

Ao finalizar o ensino médio, já em 2004, ingressei no curso de Matemática, licenciatura plena, pelo Centro Universitário do Cerrado Patrocínio (UNICERP) e, por meio deste, ingressei como professor designado em substituição na rede estadual de ensino, ainda no primeiro período da graduação. Durante o curso superior, atuei como auxiliar de educação, assistente técnico de educação básica, secretário escolar, professor de Arte, professor de Sociologia, professor de História e professor de Física.

Antes de finalizar a primeira graduação em 2007, já ingressei no curso de Arte Educação, também licenciatura plena e, de forma ininterrupta, cursei graduação em Pedagogia e História. Logo após me formar em 2008, iniciei um percurso de pós-graduação: Supervisão Pedagógica (2008), Inspeção Escolar (2009), especialização em Gênero e Sexualidade (2010), pós-graduação em Educação a Distância (2012), Programa de Formação de Gestores Municipais (2014), pós-graduação em Ciência das Religiões: Metodologia e Filosofia do Ensino (2015), finalizando com especialização em Expressão Ludocriativa (2018) e mestrado acadêmico na área de Educação, na linha de pesquisa Processos Educacionais e seus Fundamentos (2018).

Em 2009, no final do segundo semestre, tive conhecimento de uma especialização em Gênero e Sexualidade que aconteceria, em 2010, na cidade do Rio de Janeiro. Mesmo com um pouco de receio por nunca ter saído de Minas Gerais, me inscrevi e fui aprovado no processo seletivo de análise de currículo na posição 89, de um certame que oferecia 500 vagas a nível de Brasil. Isso fez crescer em mim a vontade de buscar sempre mais.

Durante o ano de 2010, foram 10 encontros presenciais no Rio de Janeiro e no encerramento dessa especialização realizei um projeto de Tese de Conclusão de Curso (TCC) que fomentava conhecer os posicionamentos de cristãos da pequena cidade de Serra do Salitre, o que de certa forma me deixou mais curioso ainda sobre a necessidade da continuidade do trabalho com a temática.

O fato de iniciar este trabalho científico lembrando de episódios não tão felizes no início da minha história estudantil, me faz refletir o quanto o cotidiano de uma escola pode e deve ir além de calendários, provas, números, administração... Na verdade, a escola deve ser formada pelas pessoas que ali estão diariamente: alunos, professores, servidores, gestores, bem como as relações que nela se estabelecem e ali são vivenciadas. São elas que direcionarão os caminhos assertivos para um processo ensino aprendizagem realmente significativo para os alunos, nos seus mais diversos anseios.

De forma talvez inconsciente, fui sempre movido pelo desejo de ser livre em minhas manifestações, sendo que percebo o mesmo em muitos dos meus alunos. Fui desenvolvendo um olhar sempre observador sobre as relações sociais estabelecidas no espaço escolar. Se as atitudes do outro passam despercebidas e não são discutidas, o poder se instala e com ele a violência velada se sobrepõe ao direito à diversidade.

Todo esse percurso é o que me motiva, como mestrando na área de Educação, na linha de pesquisa Processos Educacionais e seus Fundamentos, a corroborar com um material que seja referencial para leituras e discussões em âmbito acadêmico, a fim de favorecer uma educação com maior equidade para todos e todas.

Pesquisar o tema me oportunizou algo que sempre desejei: a oportunidade de falar de um tabu que me inquietou durante anos, abrindo espaço para discussões que fortalecerão outros sujeitos a buscarem uma vivência menos sofrida para si e para os demais.

LISTA DE ABREVIATURAS E SIGLAS

AIDS Acquired Immunodeficiency Syndrome (Síndrome da Imunodeficiência Adquirida)

BDTD Biblioteca Digital Brasileira de Teses e Dissertações

CAPES Coordenação de Aperfeiçoamento de Pessoal de Nível Superior

CEP Comitê de Ética em Pesquisa envolvendo Seres Humanos

DST Doença Sexualmente Transmissível

FAPEMIG Fundação de Amparo à pesquisa de Minas Gerais

GLS Acrônimo de gays, lésbicas e simpatizantes

IBGE Instituto Brasileiro de Geografia e Estatística

LDB Lei de Diretrizes e Bases da Educação

LGBT Lésbicas, Gays, Bissexuais, Travestis, Transexuais e Transgêneros.

LGBTQIA+ Lésbicas, Gays, Bissexuais, Travestis, Transexuais, Pansexuais, Queer, Intersex, Assexuais e outros

LGBTTT Lésbicas, Gays, Bissexuais, Travestis e Transexuais

OAB Ordem dos Advogados do Brasil

PCN Parâmetros Curriculares Nacionais

PEAS Programa de Educação Afetivo-Sexual

PPP Projeto Político Pedagógico

SciELO Scientific Eletronic Library

SEEMG Secretaria do Estado de Minas Gerais

TCC Tese de Conclusão de Curso

UAB Universidade Aberta do Brasil

UFMG Universidade Federal de Minas Gerais

UFU Universidade Federal de Uberlândia

UNESCO United Nation Educational, Scientific and Cultural Organization (Organização para a Educação, a Ciência e a Cultura das Nações Unidas)

SUMÁRIO

INTRODUÇÃO 23

1
GÊNERO E DIVERSIDADE SEXUAL NA EDUCAÇÃO –
UMA PERSPECTIVA HISTÓRICA..33

Estudos de gênero: percursos históricos e teóricos..........................33

Diversidade nos estudos de gênero 48

Gênero e diversidade sexual na educação básica........................... 58

2
METODOLOGIA E CAMPO DA INVESTIGAÇÃO...................73

Metodologia e percurso metodológico 73

Conhecendo o lócus da pesquisa...81

Conhecendo os sujeitos investigados 92

3
GÊNERO E DIVERSIDADE SEXUAL NO COTIDIANO ESCOLAR..99

Gênero e diversidade sexual no ppp da escola............................. 100

Outros olhares: inclusão, gênero e sexualidade na comunidade escolar..... 112

Contribuições e lacunas escolares: o respeito à diversidade como via para a

igualdade..126

CONSIDERAÇÕES FINAIS...137

REFERÊNCIAS..143

INTRODUÇÃO

Segundo os Estudos de Gênero, que consistem em um campo de estudos desenvolvido nas últimas cinco décadas, sexualidade e gênero são dimensões que integram a identidade pessoal de cada indivíduo e que guardam relações com a cultura e os valores sociais vigentes em uma dada época e em dada coletividade. Autores como Scott (1995), Louro (1999) e De Tílio (2014) estão entre os que defendem que esses elementos devam ser reconhecidos como partes da cultura, já que esta é a instância em que se produzem estereotipias não apenas acerca de modos e comportamentos "adequados" para homens e para mulheres, mas também sobre habilidades e aptidões que se supõe serem inatas a uns e a outros.

Os Parâmetros Curriculares Nacionais (PCN), formulados pelo Ministério da Educação (MEC) para o terceiro e quarto ciclos do ensino fundamental, no tópico que discute a temática da orientação sexual, expressam claramente que gênero "diz respeito ao conjunto das representações sociais e culturais construídas a partir da diferença biológica dos sexos". O texto, produzido para servir de norte à uma educação que não pactue mais com a reprodução de preconceitos e discriminações, ressalta, ainda, que "enquanto o sexo diz respeito ao atributo anatômico, no conceito de gênero toma-se o desenvolvimento das noções de 'masculino' e 'feminino' como construção social" (BRASIL, 1998b, p. 321).

Analisando os objetivos anunciados no documento, Mateus e Márques (2017) observam que, além de uma grande ênfase em questões de saúde coletiva citadas em primeiro plano nos PCN (em meio a discussões sobre DST/AIDS e acesso à informação e uso adequado de métodos contraceptivos), o fio condutor da proposta é a formação de determinados valores. Estão presentes a questão da dignidade (em objetivos como: "respeitar a diversidade de valores, crenças e comportamentos relativos à sexualidade, reconhecendo e respeitando as diferentes formas de atração sexual e o seu direito à expressão, garantida a dignidade do ser humano" e "reconhecer como construções culturais as características socialmente atribuídas ao masculino e ao feminino, posicionando-se contra discriminações a eles associadas" (BRASIL, 1998b, p. 91), bem como as temáticas do respeito à liberdade e à intimidade do outro: "identificar e expressar seus sentimentos e desejos, respeitando os sentimentos e desejos do outro"; "proteger-se de relacionamentos sexuais coercitivos ou exploradores"; "reconhecer o consentimento mútuo como necessário para usufruir de prazer numa relação a dois" (BRASIL, 1998b, p. 91).

Passadas duas décadas de sua criação, mesmo que o documento seja considerado como desatualizado em termos conceituais (PALMA *et al.*, 2015; DANILIAUSKAS, 2011, MATEUS; MÁRQUES, 2017), a crítica que se vê nos veículos de comunicação é bem outra. Chama a atenção o número de textos, páginas e sites nos quais se afirma que a abordagem da sexualidade proposta pelos PCN e depois ampliada em outras políticas públicas educacionais representaria uma ingerência do Estado em relação à educação familiar.

Ainda que se discorde desta leitura, reconhecemos que, ao abordar gênero e diversidade sexual em qualquer nível de ensino, os professores acabam tocando em ideias e valores importantes para outras instâncias sociais que também são produtoras de discursos sobre a sexualidade. Discursos que não podem ser ignorados ou simplesmente negados pelo docente e pela escola (MÁRQUES, 2016).

Posto isso, a pesquisa, que está inserida em um projeto mais amplo[1], parte da seguinte indagação: como, em uma escola de educação básica que atende alunos do ensino médio, relacionam-se, no cotidiano, as convicções morais dos professores e das famílias dos alunos, as concepções circulantes na comunidade sobre gênero e diversidade sexual, com as diretrizes educacionais para o trabalho com o tema?

---

[1] Trata-se do projeto guarda-chuva "A produção social da identidade e da diferença no livro didático: uma contribuição aos estudos da educação na diversidade", coordenado pela Prof.ª Dr.ª Fernanda Telles Márques e em desenvolvimento desde 2015 com fomento da Fundação de Amparo à Pesquisa do Estado de Minas Gerais (FAPEMIG).

A pesquisa tem como objetivo geral compreender as relações que se dão, no cotidiano de uma escola, entre as diretrizes educacionais para a abordagem de gênero e diversidade sexual, e as concepções circulantes na comunidade escolar a respeito da mesma temática. Compreendemos como "comunidade escolar" os diversos segmentos que compõe e se envolvem de alguma maneira no processo educativo, ainda que não façam parte do corpo de funcionários. Não há unanimidade entre os teóricos quanto aos grupos que formam a comunidade escolar e podem estar incluídos, além dos professores, alunos, gestão e funcionários da escola, sindicatos, comunidades, entre outros (TEIXEIRA, 2000).

São objetivos específicos: apresentar o campo teórico dos Estudos de Gênero e das teorias *queer*; contextualizar a inserção da temática em políticas públicas para a educação no Brasil, diferenciando ensino fundamental e médio; conhecer os perfis sociodemográficos da cidade de Patrocínio (MG) e da comunidade escolar; conhecer o Projeto Político Pedagógico (PPP) da escola e projetos porventura relacionados à temática, verificar o entendimento que diferentes segmentos da comunidade escolar têm a respeito da abordagem de questões de gênero e diversidade sexual na educação básica; e compreender os posicionamentos dos diferentes segmentos consultados.

Para alcançar os objetivos propostos, optamos pela realização de uma pesquisa de tipo etnográfico (ANDRÉ, 1989, 1995), envolvendo pesquisa bibliográfica, levantamento documental e pesquisa de campo.

A pesquisa bibliográfica teve início com um programa de leituras orientadas, seguido de levantamentos de títulos nas bases de dados SciELO, Portal de Periódicos da Coordenação de Aperfeiçoamento de Pessoal de Nível Superior (CAPES) e Biblioteca Digital Brasileira de Teses e Dissertações. Foram buscadas publicações brasileiras, em português, dos últimos 10 anos, contendo em seus resumos os descritores: "gênero e diversidade sexual" em cruzamento com "educação", "educação básica" e "comunidade escolar".

Os descritores foram decididos a partir das palavras-chave do projeto. Quanto ao período escolhido (2008-2017), nossa opção levou em conta o fato de que referido decênio abarca o ápice dos projetos educacionais voltados às questões de gênero, o surgimento de discursos em contrário, bem como o agravamento da polêmica fomentada por alguns segmentos religiosos e grupos abertamente contrários aos direitos LGBT[2].

Na realização da pesquisa bibliográfica foram encontradas poucas produções acadêmicas e científicas voltadas para a temática de gênero e diversidade sexual no contexto escolar com recorte na educação básica o que consideramos um indicativo da relevância da presente pesquisa. Na busca por publicações feitas em periódicos, foram obtidos os seguintes resultados:

Tabela 1 – bases de dados SciELO e Portal de Periódicos da CAPES

	SciELO	Portal de Periódicos da CAPES
Gênero e diversidade sexual/Escola	11	28
Gênero e diversidade sexual/Educação básica	0	4
Gênero e diversidade sexual/Comunidade escolar	0	3

Fonte: elaborado pelo autor

Os artigos encontrados passaram por uma triagem a partir da leitura dos resumos, e os textos restantes foram incorporados ao trabalho, tornando-se parte das referências bibliográficas (oportunas tanto para a elaboração do capítulo um quanto para a discussão dos resultados).

Na Biblioteca Digital Brasileira de Teses e Dissertações (BDTD) foram encontrados os seguintes resultados, que se apresentam organizados por tipo de produção:

---

[2] Lésbicas, Gays, Bissexuais, Transexuais, Transgêneros e Travestis.

DIVERSIDADE, SEXUALIDADE E EDUCAÇÃO: VIVÊNCIAS EM PATROCÍNIO (MG)

Tabela 2 – Biblioteca Digital Brasileira de Teses e Dissertações

	Teses	Dissertações
Gênero e diversidade sexual/Escola	17	7
Gênero e diversidade sexual/Educação básica	7	4
Gênero e diversidade sexual/Comunidade escolar	3	5

Fonte: elaborado pelo autor

As buscas consideraram a presença dos termos no resumo. Isto porque, quando definimos sua presença apenas no assunto, o número de trabalhos resultantes foi ínfimo.

Se a ampliação da busca permitiu uma alteração quantitativa (o aparecimento de um maior número de produções), cabe destacar que, ao analisar os resultados, constatamos que muitas das produções que apareceram ao pesquisarmos "gênero e diversidade sexual" em cruzamento com "escola" se repetiram em uma das duas outras buscas, pois também continham em seu resumo os termos referentes.

Esse primeiro momento da pesquisa foi de suma importância, pois mostrou que por mais que a diversidade de gênero não seja uma novidade, considerando ainda que as políticas educacionais e práticas pedagógicas ligadas à temática datam do final do século 20 e são relativamente recentes se comparadas com a história da educação, institucionalizada no Brasil já no século 16, a produção acadêmica ainda é relativamente pequena. Além disso, a pouca produção acadêmica sobre gênero e sexualidade na educação básica encontrada no levantamento bibliográfico nos estimulou mais ainda a desenvolver a pesquisa.

A pesquisa bibliográfica forneceu subsídios teóricos fundamentais, mas sozinha não seria suficiente para a compreensão crítica do assunto em discussão. Por se tratar de tema que envolve desde legislação nacional até produção normativa da própria escola, achamos pertinente consultar documentos como a Lei de Diretrizes e Bases da Educação Nacional (LDB), os Parâmetros Curriculares Nacionais para os níveis fundamental (BRASIL, 1998) e médio (BRASIL, 2000), o Projeto Político Pedagógico (PPP) da escola e outros projetos escolares relacionados à temática. Os referidos documentos foram analisados a partir do referencial teórico das pesquisas de gênero e sexualidade utilizados no presente trabalho.

Ao pensar o método de investigação que julgávamos adequados levamos em consideração a discussão feita por Duarte (2009). A autora acredita que a sociedade passa por um processo de constante transformação social e cultural, mais ainda na contemporaneidade, e que isso deve ser levado em conta pelo investigador. Ela sugere a noção de "triangulação" como modo de superar as análises positivistas e construtivistas, pois acredita que esses modelos não estão somente historicamente "descredibilizados" como também desconsideram aspectos ligados a subjetividade dos sujeitos investigados.

Dessa forma, a triangulação consiste em um método de análise preocupado com a conciliação coerente entre o investigador, seu referencial teórico e os dados recolhidos ao longo da pesquisa, ou seja, concilia diferentes metodologias de análise e integra métodos qualitativos e quantitativos (TEIS; TEIS, 2006).

> O grande desafio nesses casos é saber trabalhar o envolvimento e subjetividade, mantendo necessário distanciamento que requer um trabalho científico. Uma das formas de lidar com esta questão tem sido o estranhamento, um esforço sistemático de análise de uma situação familiar como se fosse estranho. Trata-se de saber lidar com percepções e opiniões já formadas, reconstruindo-as em novas bases, levando em conta, sim, as experiências pessoais, mas filtrando-as com apoio do referencial teórico e de procedimentos metodológicos específicos, como, por exemplo, a triangulação. (TEIS; TEIS, 2006 p. 5).

Nesse trabalho, seguindo o que é proposto por Duarte (2009), optamos por conciliar a pesquisa bibliográfica, a observação participante e instrumentos quantitativos e qualitativos de análise, esses últimos questionários organizados em dois tópicos, com perguntas fechadas e abertas. O primeiro foi utilizado para traçar o perfil socioeconômico dos professores, alunos, pais, diretores e comunidade escolar e serviu como base para a caracterização dos sujeitos investigados. Já o segundo tem como principal função evidenciar aspectos específicos que o precedente pode não ser capaz de evidenciar.

É importante atentar para o fato de que é preciso saber analisar e lidar com concepções previamente formadas dos sujeitos investigados e elencar quais aspectos importantes para a pesquisa, sem correr o risco de desconsiderar pontos relevantes. O contexto escolar propicia esse tipo de pesquisa, pois é o espaço em que os conhecimentos, atitudes e valores são constantemente elaborados e reelaborados (TEIS; TEIS, 2006).

O arcabouço teórico é embasado em trabalhos de autores contemporâneos de diversas áreas, desde os Estudos de Gênero em uma macroanálise até suas especificidades no ambiente escolar. Nesse sentido, pensar sobre as perspectivas contemporâneas de gênero (DE TÍLIO, 2014) será de grande auxílio, pois apresenta análises que concentram a Biologia, a Antropologia e a Psicanálise. De Tílio defende que a violência de gênero pode ser usada como instrumento de dominação e poder e elenca a desuniversalização das categorias de gênero como caminho para combater a heterossexualidade compulsória e aponta para uma mudança orientada pela luta contra a hierarquização dos papéis de gênero, que defende ser produto de uma socialização apoiada na diferença.

As análises de Judith Butler (2008) oferecem um bom aporte teórico para os Estudos de Gênero na contemporaneidade. A partir do referencial foucaultiano de sexo, a autora acredita que é possível construir uma teoria social sobre gênero independentemente da ideia de que sexo está intimamente ligado ao corpo e à natureza, questionando se gênero é uma estrutura dada ou se é historicamente construída. Para tanto, Butler (2008) resgata Joan Scott (1995) ao defender a dicotomia sexo e gênero como via de problematizar a ideia de "natureza biológica", e aponta para o caráter de performatividade de atos, signos e gestos que reforçam a construção de ideais de corpos masculinos e femininos. Para Butler (2008), gênero é um ato performativo e intencional que produz significados.

Em *Gênero: uma categoria útil de análise histórica*, a historiadora Joan Scott (1995) caracteriza e faz um traçado histórico desde o surgimento do termo "gênero", inicialmente relacionado à traços sexuais, passando pelos significados que adquire no movimento feminista, relacionado à "organização das relações social das relações entre os sexos" (SCOTT, 1995. p. 2), até as classificações dadas pela Psicanálise. Scott (1995) aponta que gênero é uma categoria analítica — é preciso considerar os debates teóricos acerca das diversas áreas de pesquisa — que dá significado às relações de poder e às relações humanas. As reflexões da historiadora são essenciais para uma discussão ampla da categoria de gênero, como pretende o presente trabalho.

A fim de compreender as especificidades das questões de gênero no ambiente escolar, a perspectiva pós-estruturalista[3] defendida por Guacira Lopes Louro (2007) é essencial no desenvolvimento do trabalho, pois aponta para a linguagem como caminho essencial para apreender a multiplicidades de fenômenos que constituem os campos do gênero e da sexualidade. Suas reflexões permitem um novo olhar ao longo do trabalho de campo e apontam um bom caminho a seguir.

A dissertação se encontra organizadas em três capítulos, em meio aos quais procuramos alcançar cada um dos objetivos específicos que conduzem ao objetivo geral. No primeiro capítulo, apresentamos as categorias gênero e diversidade sexual dialogando com importantes teorias sobre o assunto, assim como contextualizamos a inserção da temática na educação básica brasileira.

No segundo capítulo, percorremos a dimensão metodológica do trabalho. Iniciamos apresentando a metodologia da pesquisa, discutindo seus fundamentos e descrevendo sua operacionalização. Na sequência, contextualizamos o campo da investigação e apresentamos os participantes da pesquisa.

---

[3] Corrente teórico filosófica contemporânea que revisa o estruturalismo a partir do abandono de ideias tradicionais na Filosofia, como os conceitos de objetividade, razão e verdade.

DIVERSIDADE, SEXUALIDADE E EDUCAÇÃO: VIVÊNCIAS EM PATROCÍNIO (MG)

No terceiro capítulo, discutimos as percepções e o entendimento dos diferentes grupos constitutivos da comunidade escolar a respeito da abordagem de questões de gênero e diversidade sexual na educação básica. O capítulo se inicia com o texto documental, representado pelo Projeto Político Pedagógico (PPP) da escola. Do documento, portador de um dever-ser e de silêncios, passamos ao desvelamento das concepções dos vários sujeitos que dão vida social à escola. Em seguida, são analisados as entrevistas e os questionários a partir do referencial teórico escolhido, no intuito de compreender qual a concepção de gênero, diversidade sexual e sexualidade dos participantes da pesquisa. De acordo com o que pudemos observar, a escola escolhida como campo de análise, apesar de, aparentemente, valorizar a transversalidade, ainda está muito distante do ideal proposto pelos grandes pesquisadores e militantes das questões de gênero e sexualidade.

1

GÊNERO E DIVERSIDADE SEXUAL NA EDUCAÇÃO – UMA PERSPECTIVA HISTÓRICA

Muitos autores se propuseram a tratar da temática do gênero, buscando elos na sociedade desde o século 19, quando as relações afetivas e sexuais fora do padrão heteronormativo eram proibidas ou silenciadas, em favor de uma moral e ou de interesses que nem sempre tinham foco no sujeito. Assim, aqui se propõe uma busca pela história, num percurso que leva à diversidade, presente no cotidiano e ainda não respeitada como de direito. Nessa trajetória, a escola não se furta da ebulição de temas e discussões, sendo a ela dado, por direito e dever, o compromisso de formar alunos que vivam sua sexualidade de forma saudável e respeitem todas as formas de diversidade que enriquecem a cultura e a sociedade.

O capítulo está organizado em três seções. Na primeira, apresentamos a categoria gênero, situando historicamente o desenvolvimento do campo teórico conhecido como Estudos de Gênero; na seção seguinte, discorremos sobre o conceito de diversidade sexual demonstrando como a temática passa a compor os interesses dos Estudos de Gênero. Ao final do capítulo, contextualizamos a inserção das temáticas em políticas públicas para a educação no Brasil.

Estudos de gênero: percursos históricos e teóricos

Uma das indagações primeiras ao se propor pesquisar sobre as questões de gênero é quando surgiu e ou se popularizou esse termo, e consequentemente suas diversas relações institucionalizadas a partir de disputas pelo poder entre o feminino e o masculino.

Para falar de gênero, há que se lembrar e considerar que seu uso mais antigo e mais conhecido por todos é o da gramática, da qual foi "emprestado" para as discussões que hoje se apresentam no campo social. Nesse sentido, Connell (2015) aponta o termo gênero como sendo um substantivo com distinção específica de sexo masculino e feminino.

A desmistificação e a naturalização dos papeis sociais atribuídos a homens e mulheres se veem problematizados com as discussões sobre as diferenças entre gênero, sexo e orientação sexual. O campo social é um campo fértil para o debate dessas questões, visto que nele se constroem divisões sociais, de classe, gênero, religião, entre outras diversas formas de estratificação social. Porém é preciso compreender gênero como um assunto atual e necessário para compor as relações e para afirmação das identidades. O anseio parte da urgência quanto a outro conceito presente nas discussões, que é o de identidade, em especial a identidade de pertencimento a algum grupo, seja étnico, racial, sexual, de classe ou de gênero. Os sujeitos devem ser compreendidos como portadores de identidades plurais, múltiplas, mutáveis e, por vezes, contraditórias (LOURO, 2008).

Connell e Pearse (2015, p. 38), afirmam que "ser um homem ou uma mulher não é um estado predeterminado". E isso nos leva a compreender que sexo e gênero são diferentes, sendo o primeiro ligado à dimensão anatomofisiológica, à biologia, e o segundo constituidor da identidade do sujeito. Seria como "a sensação de pertencimento a uma categoria de gênero" (CONNELL; PEARSE, 2015, p. 38) fortalecendo a compreensão da pessoa que somos, como consequência de ser homem ou mulher. O cotidiano faz com que as pessoas identifiquem gênero como algo natural, sendo que, de imediato reconhecemos as pessoas como homem ou mulher. "Organizamos nossos afazeres em torno dessa distinção" (CONNELL; PEARSE, 2015, p. 36).

Os movimentos feministas sociais organizados, com vistas a uma luta por direitos civis e sociais no final do século 19, foram fundamentais para o surgimento das discussões sobre gênero. As manifestações contra a segregação feminina e a favor do sufrágio universal trouxeram à tona discussões sobre os papeis que mulheres e homens ocupam na sociedade e buscam, sustentadas e influenciadas pelos princípios da Revolução Francesa, garantir os direitos das mulheres (LOURO, 2008).

Em se pensando no silêncio sobre sexo, imposto às famílias no século 19, Louro (2008, p. 5) faz uma analogia interessante, quando afirma que:

> Hoje, tal como antes, a sexualidade permanece como alvo privilegiado da vigilância e do controle das sociedades. Ampliam-se e diversificam-se suas formas de regulação, multiplicam-se as instâncias e as instituições que se autorizam a ditar-lhe normas. Foucault certamente diria que proliferam cada vez mais os discursos sobre o sexo e que as sociedades continuam produzindo, avidamente, um saber sobre o prazer, ao mesmo tempo que experimentam o prazer de saber.

Em termos de conceituação ou historicidade do termo gênero, esse foi introduzido pelas feministas de língua inglesa na década de 1970, ampliando o conceito de sexualidade e designando "as representações acerca do masculino e do feminino que são construídas culturalmente, distanciando-se ainda mais de uma compreensão biologizante" (DINIS, 2008, p. 482). Não há como se desconsiderar que o ser humano, ao nascer, apresenta características físicas específicas, que determinam ser ele do sexo masculino ou do sexo feminino, sendo esse o sexo biológico.

As pesquisas e conceitos de e sobre gênero se apresentam na literatura de forma abundante; Ostermann *et al.* (2010) consideram a obra *Language and Woman's Place*, de Robin Lakoff, publicada em 1975, grande responsável pelos estudos atuais realizados. Embora os anos de 1970-1980 apresentam-se ricos em movimentos revolucionários diversos, o termo gênero não foi adotado amplamente nesse período, apresentando difusão a partir de 1975 com o clássico texto de Gayle Rubin intitulado "The traffic in women: notes on the political economy of sex", no qual o sistema sexo/gênero foi abordado.

As lutas feministas da segunda metade do século 20 foram um marco decisivo na busca por um conceito que abrangesse as dimensões psicológicas, sociais e culturais, de homens e mulheres. Desde então, as dimensões biológicas ficaram implícitas no termo sexo, sendo que as demais passaram a ser identificados como gênero (PIOVEZAN, 2010). Em tal contexto, o conceito de gênero, então, está intimamente ligado aos movimentos sociais feministas, com grandes lutas pela condição da mulher na sociedade, enquanto sujeito de direitos desde o século 19 (TORRÃO FILHO, 2004).

Considerando seu uso mais comum, o vocábulo gênero foi, em dado momento, utilizado para a dicotomia homem-mulher, macho-fêmea, com base no sexo biológico, sendo que a partir dele, as funções sociais e culturais lhes são atribuídas. O uso e a definição social de gênero buscam identificar que as identidades subjetivas também precisam ser entendidas e respeitadas. Para Connell (2015, p. 46), "uma definição baseada em dicotomia exclui as diferenças entre mulheres e entre homens do conceito de gênero".

Muitos foram os debates acerca do binarismo sexual, sendo que este pode ser considerado uma produção social e cultural que sempre determinou os papéis a serem exercidos pelos sujeitos sem, entretanto, considerar o corpo em movimento e a sua possibilidade de ser diferente (TONELLI, 2012).

Para Lins, Machado e Escoura (2016, p. 25),

> O termo 'gênero' se popularizou na década de 1990, mas começou a ser utilizado pela teoria social na década de 1970 como forma de propor novas maneiras de pensar as noções de feminino e masculino, além das explicações biológicas, e inserindo-as em relações sociais de poder.

No entanto, "na medicina, na psiquiatria e na psicologia, o termo 'gênero' começou a ser utilizado como sinônimo de masculino e feminino a partir da década de 1950" (LINS, MACHADO, ESCOURA, 2016, p. 26). Esses profissionais da saúde usavam o termo para se referir a sujeitos com comportamento e pertencimento sexual opostos ao sexo biológico.

A partir da obra de Cardoso (2008), foi possível concluir que uma das óticas de análise surge no campo das investigações científicas, especificamente da Psicanálise, com Robert Stoller (1993), psicanalista e pesquisador da Clínica de Identidade de Gênero da Universidade da Califórnia em Los Angeles (UCLA). Para o autor, é preciso separar natureza e cultura ao discutir identidade de gênero, visto que ele defende que todos os sujeitos são portadores de aspectos masculinos e femininos de formas e em graus distintos. Os comportamentos do indivíduo não estariam, para Stoller (1993), ligados à sua composição biológica, mas sim a motivações psicossociais — ainda que masculinidade pareça se referir a homens e feminilidade a mulheres (CARDOSO, 2008).

Cardoso (2008) destaca também o psicólogo John Money (1988) que, ao propor o conceito de identidade de gênero, estabeleceu a necessidade de diferenciar três categorias e de analisar como se articulam gênero, orientação sexual e sexo. Segundo o autor, sexo se refere àquilo que é estruturado a partir da genitália de cada indivíduo ao nascer, categorizados em macho fêmea — ou ainda intersexo, esse último designado ao hermafroditismo. Já orientação sexual diz respeito ao modo das relações eróticas do indivíduo, que pode ser bissexual — aquele que se relaciona tanto com sexo oposto quanto com pessoas do mesmo sexo — ou monossexual, que pode ser: homossexual, quando se relaciona com pessoas do mesmo sexo, ou heterossexual, que sente atração pelo sexo oposto.

Por fim, Money (1988) caracteriza o gênero como um conceito que engloba categorias como andrógeno, masculino ou feminino e as dimensões psicossociais que as estruturam. Money (1988) foi um precursor dos estudos sobre gênero e ao tentar compreender e articular essas categorias trouxe à tona, já no fim dos anos 60, reflexões que fugissem do determinismo (CARDOSO, 2008). Outro aspecto importante é que, ao pensar esses critérios em conjunto, ao passo que ainda assim analisados separadamente, Money (1988) influenciou diversos estudos científicos para explicar determinados comportamentos sociais que até então eram considerados como patologias.

Cardoso (2008) pondera que Stoller (1993) se diferencia de Money (1988), de quem era colega, visto que para o primeiro, sexo e gênero não estão necessariamente relacionados e para o segundo, tanto gênero quanto sexo e orientação sexual não podem ser analisados separadamente. No entanto, a discussão de Stoller (1993) suscita investigações sobre padrões de comportamento que parecem adequados a cada um dos sexos ao longo de sua sociabilidade. Nesse sentido, gênero passa a ser tomado como categoria ao tratar-se de construções sociais.

A antropóloga estadunidense Gayle Rubin (1975) desenvolve, nos anos 70, teorias essenciais para o estudo de gênero. Para a autora, era de suma importância descobrir a gênese da subordinação e das opressões contra as mulheres e, partindo de um posicionamento marxista — das relações sociais submetidas à lógica capitalista —, questiona a dominação masculina. Rubin (1975) afirma que a dicotomia do sistema de sexo/gênero se dá tanto na esfera da natureza quanto na esfera da cultura. A primeira se refere ao sexo biológico, fêmea ou macho. A segunda diz respeito ao gênero, à socialização, ou seja, à construção de um ideal de feminilidade ou masculinidade. Nesse sentido, atenta para o fato de que a sexualidade é transformada em produto na sociedade e, consequentemente, a satisfação das necessidades sexuais são transformadas. Logo, classifica o sexo como matéria-prima e o gênero como produto e defende que o segundo pode ser transformado de acordo com o contexto histórico (RUBIN, 1975).

Já Scott (1995) elabora sua definição para gênero como sendo a elaboração cultural sobre as (naturais) diferenças anatômicas e funcionais dos sexos que estabelecem relações de poder e saber assimétricos entre eles. Isto posto, afirmam-se as relações de poder, ou seja, aferem ao indivíduo signos de sujeição política, social e econômica, instituídas pelo gênero biológico do indivíduo.

Esse conceito é amplamente social e histórico e ajuda a compreender as relações históricas entre homens e mulheres, que culminariam na capacidade de compreender desigualdades não só em relação ao gênero, mas também das hierarquias e disparidades sociais (TORRÃO FILHO, 2004).

Para Scott (1995), nas relações entre os sexos o caráter biológico sempre se apresentou como determinante para a supremacia. Assim, a autora considera que o conceito de gênero foi criado para opor-se a ele, passando a apresentar um caráter social nas relações.

Scott traz novas perspectivas em sua obra *Gênero: uma categoria útil de análise histórica* (1995), publicado originalmente em 1986, apresentando destaque para os estudos da questão assim que foi publicada. Nela, a autora tentou desconstruir a dicotomia entre um sexo para a natureza e um gênero para a cultura. Scott afirma que a distinção entre sexo e gênero é complexa, posto que o sexo é biológico e é visível, enquanto gênero abarca vários discursos sociais e culturais. Para ela, está imbricado às relações de poder de tal forma que chega a ser uma forma primária de compreensão do sentido destas. A autora não nega que existem diferenças entre os corpos sexuados, mas defende que seus significados são construídos socialmente e criam relações de hierarquia (LOURO, 1999)

A partir do século 19, acontecem grandes mudanças no campo da sexualidade, e os discursos sobre ela proliferaram. Assim, sexualidade passa a ser categorizada como o conjunto de experiências construídas pelos sujeitos, com origens históricas, sociais e culturais, não essencialmente biológica (FOUCAULT, 1998).

Diante dos estudos realizados, compreende-se que "sexo é biológico, gênero é social, construído pelas diferentes culturas" (JESUS, 2021, p. 08), ressaltando que gênero vai além do sexo.

> O que importa, na definição do que é ser homem ou mulher, não são os cromossomos ou a conformação genital, mas a autopercepção e a forma como a pessoa se expressa socialmente. (JESUS, 2012, p. 8).

Assim, a construção da identificação como homens ou como mulheres não é um fato biológico; é, sim, social.

Para Louro (2008, p. 17)

> Gênero e sexualidade são construídos através de inúmeras aprendizagens e práticas, empreendidas

por um conjunto inesgotável de instâncias sociais e culturais, de modo explícito ou dissimulado, num processo sempre inacabado. Na contemporaneidade, essas instâncias multiplicaram-se e seus ditames são, muitas vezes, distintos. Nesse embate cultural, torna-se necessário observar os modos como se constrói e se reconstrói a posição da normalidade e a posição da diferença, e os significados que lhes são atribuídos.

Gênero é, como se tem visto até neste ponto da pesquisa, alvo de diversas investigações no que se refere a sua utilização no campo tanto das relações afetivas quanto das relações de poder. Porém, ainda é grande o percurso para compreender todas as suas nuances.

Nesse sentido, analisar a sexualidade é um ponto inicial que surge para a compreensão de gênero e muito desse entendimento se deve às teorizações de Michel Foucault. A partir delas, e com a publicação do primeiro volume de *História da Sexualidade*, a ideia repressiva que vigorava nos estudos até meados de 1970 sofre importantes alterações (PIOVEZAN, 2010).

Foucault (1988), nos leva a conhecer a trajetória da sexualidade, do século 17 até o final do século 20. Depara-se que, no início do período apontado, as relações íntimas eram vistas de forma natural, sem pudores que surgiram posteriormente, a partir de grandes mudanças nos códigos sociais.

O autor traz uma mostra interessante de como eram as relações familiares no século 18, nas quais os diálogos e as posturas das pessoas aconteciam naturalmente, pois os códigos de conduta em relação ao que hoje é chamado de obscenidade e decência eram mais frouxos. As crianças circulavam entre os adultos, o que hoje é considerado uma postura transgressora[4], e os corpos eram mostrados sem preocupação, sem problema ou vergonha (FOUCAULT, 1988).

Para Foucault (1988), as questões da sexualidade e seu controle social foram determinantes para que novos conceitos surgissem. Ele

---

[4] "Gestos diretos, discursos sem vergonha, transgressões visíveis, anatomias mostradas e facilmente misturadas" (FOUCAULT, 1988. p. 6).

DIVERSIDADE, SEXUALIDADE E EDUCAÇÃO: VIVÊNCIAS EM PATROCÍNIO (MG)

afirma que, com a burguesia vitoriana — setor da sociedade inglesa do século 19, extremamente conservador e ditador de regras — a sexualidade foi encerrada dentro de casa, tomada pela família conjugal, somente com a função da reprodução, silenciando-se as falas sobre sexo. A sexualidade passa a ser reconhecida em um único espaço da casa, que é o quarto do casal.

As pesquisas de Foucault, em especial sua obra *História da sexualidade I: a vontade de saber* (1988), apresentam uma trajetória da família burguesa, considerando que as questões relativas à sexualidade têm muito de suas origens nesse ambiente. A hipocrisia operava no que se refere à sexualidade. A "repressão funciona, decerto, como condenação ao desaparecimento, mas também como injunção ao silêncio, afirmação de inexistência e, consequentemente, constatação de que, sobre sexo nada há que se falar, ver ou saber" (FOUCAULT, 1988, p. 10).

Na mesma obra, o autor francês aponta para procedimentos de vigilância presentes na família

> A separação entre adultos e crianças, a polaridade estabelecida entre o quarto dos pais e o das crianças [...], a segregação relativa entre meninos e meninas, as regras estritas sobre cuidados com os bebês (amamentação materna, higiene), a atenção concentrada na sexualidade infantil, os supostos perigos da masturbação, a importância atribuída à puberdade, os métodos de vigilância sugeridos aos pais, as exortações, os segredos, os medos e a presença ao mesmo tempo valorizada e temida dos serviçais, tudo faz da família, mesmo reduzida às suas menores dimensões, uma rede complexa, saturada de sexualidades múltiplas, fragmentárias e móveis. (FOUCAULT, 1988, p 53).

As posturas adotadas pela família fazem crer que a sexualidade tem sua centralidade, também, nos mecanismos de repressão, que, para o autor, supõe duas rupturas, sendo, no século 17, as proibições da época, a sexualidade destinada à vida adulta e dentro do casa-

ALEXANDRE VITOR CASTRO DA CRUZ

mento, com toda sorte de proibições quanto ao corpo e a linguagem; a outra, no século 20,

> [...] momento em que os mecanismos da repressão teriam começado a afrouxar; [...] tolerância a propósito das relações pré-nupciais ou extramatrimoniais; [...] ter-se-iam eliminado em grande parte, os tabus que pesavam sobre a sexualidade das crianças (FOUCAULT, 1988, p. 109).

O silêncio em torno do sexo foi, de certa forma, um controle necessário a partir do aumento da população. Segundo ele, muitas questões estavam em jogo, como "analisar a taxa de natalidade, a idade do casamento, os nascimentos legítimos e ilegítimos, a precocidade e a frequência das relações sexuais [...], o efeito do celibato [...], a incidência das práticas contraceptivas" (FOUCAULT, 1988, p. 28).

Não obstante, Foucault (1988) aponta a presença política e religiosa/cristã como elementos fundamentais no controle moral da sociedade. As normas de conduta eram ditadas e punidas pelas mesmas autoridades.

A Igreja teve grande influência na vida das pessoas, tanto social quanto privada; e isso contribuiu para que as relações íntimas das pessoas fossem "policiadas". Nos países católicos, a Contrarreforma acelerou o ritmo da confissão anual, sendo que isso passou a impor que as pessoas fizessem um exame de si mesmas, com base nas ideias de pecado.

> Todas as insinuações da carne: pensamentos, desejos, imaginações voluptuosas, deleites, movimentos simultâneos da alma e do corpo, tudo isso deve entrar, agora, e em detalhe, no jogo da confissão e da direção espiritual. O sexo, segundo a nova pastoral, não deve mais ser mencionado sem prudência; [...] tudo deve ser dito. (FOUCAULT, 1988, p. 23).

A moral religiosa presente no século 17, analisada por Foucault, deu visibilidade às questões do sexo quando ordenou, na confissão exigida pela Igreja Católica, que tudo fosse dito e fosse aplicada a penitência. "Dizer tudo, [...] não somente os atos consumados, mas também os toques sensuais, todos os olhares impuros, todas as palavras obscenas, todos os pensamentos consentidos" (FOUCAULT, 1988, p. 24).

Para além disso, a Igreja Católica e o cristianismo influenciaram diretamente a formação de uma moral sexual na sociabilidade do indivíduo e, até o século 18, era a única instituição a qual se reservava a propagação de uma formação sobre a sexualidade. Entretanto, "o monopólio do discurso religioso teve fim somente com a consolidação das ciências ligadas à Medicina, nos séculos XIX e XX. Essa também apresentou papel bastante expressivo, no século XIX" (PIOVEZAN, 2010, p. 26), em se considerando a proposta de controle da sexualidade, inerente à época. Ela se apresentava, nos dizeres de Foucault (1988, p. 54), "insistente e indiscreta, volúvel no proclamar suas repugnâncias, pronta a correr em socorro da lei e da opinião dominante; mais servil ante as potências da ordem do que dócil às exigências da verdade".

No século 19, os sujeitos que vivenciavam a homossexualidade foram considerados como anormais (PIOVEZAN, 2010), sendo a segregação social ou o segredo soluções viáveis para a época. Porém, homens e mulheres que se opunham a essa normativa decidiram viver fora dos seus limites. Nesse momento da história, o discurso médico e o religioso assumem semelhante influência social e aos médicos atribui-se um status social de grande prestígio no que se refere à família e ao controle da sexualidade. Esse discurso ganha então poderes de estabelecer padrões de comportamento ao unir a moral cristão e o cientificismo.

Também é no século 19 que surgem as primeiras propostas para uma educação sexual, como parte da influência da medicina, sendo que o discurso médico se volta para as crianças e seu desenvolvimento sexual. A ênfase é dada às questões de higiene, com uma proposta diferente daquela que vigorava até então (PIOVEZAN, 2010).

Visto que o masculino operava vantagens sociais, econômicas e políticas sobre o feminino, podemos tomar o sexo como equivalente a poder — e visto que a sexualidade apresentava riscos sociais, Foucault (1988) apresenta a associação da prática médica com o controle da sexualidade que se fazia necessário:

> Involuntariamente ingênua nos melhores casos e, voluntariamente mentirosa, nos mais frequentes [...] essa medicina instaurou toda uma licenciosidade do mórbido, característica do final do século XIX; [...] arvorava-se em instância soberana dos imperativos da higiene, somando os velhos medos do mal venéreo aos novos temas da assepsia, [...] pretendia assegurar o vigor físico e a pureza moral do corpo social, prometia eliminar os portadores de taras, os degenerados e as populações abastardadas. (FOUCAULT, 1988, p. 54).

Logo, ao compreender a sexualidade como um aparato de controle, podemos considerá-la como um agregado de ações de poder que afirmam um ideal, nesse caso, a heteronormatividade. Essa categoria se refere aos aparatos que regulam e controlam o indivíduo e punem aqueles que fogem à norma, aqui incluídos aqueles cujo interesse erótico e afetivo se direcionam para o mesmo sexo.

Nos últimos três séculos, cresceram os discursos e estudos em torno do sexo, ainda que exista uma delimitação em determinados espaços, filtrando o que pode ser dito (FOUCAULT, 1998). Pesquisas desenvolvidas no desenrolar da história, em especial nos séculos 19 e 20, apresentam estudos voltados para a biologia, com finalidade de naturalização e manutenção do patriarcado (PIOVEZAN, 2010).

A luta por manter as discussões sobre as questões de gênero em um foco produtivo e sensato, na atualidade, bem como entender a repressão que se percebe de alguns grupos sociais, não tem sido tarefa fácil. Tal fato é previsto por Foucault (1988, p. 15), quando ele afirma que:

> O fato de falar-se do sexo livremente e aceitá-lo em sua realidade é tão estranho à linguagem direta de toda uma história, hoje milenar e, além disso, é tão hostil aos mecanismos intrínsecos do poder, que isto não pode senão marcar passo por muito tempo antes de realizar a contento a sua tarefa.

DIVERSIDADE, SEXUALIDADE E EDUCAÇÃO: VIVÊNCIAS EM PATROCÍNIO (MG)

Assim, diante da naturalização superficial que isso apresenta, as pessoas não consideram natural que homens e mulheres se apaixonem ou se envolvam com parceiros do mesmo sexo e o oposto, no entanto, é condenado.

Ao se pensar em periodização ou estratificação dos conceitos de sexualidade e gênero, é importante lembrar que a questão vem sendo amplamente explorada por pesquisadores de diversas áreas e muitas lutas por igualdade foram empreendidas. O papel de Donna Haraway (1995) nesse aspecto foi essencial: foi-lhe solicitado elaborasse uma definição para o conceito de gênero para um dicionário marxista, em 1983. As organizadoras do documento consideravam que algumas palavras faltavam ou precisavam ser reescritas de modo que levassem em conta as mudanças ocorridas nos movimentos sociais.

Considerando o valor e a importância da linguagem, Haraway (1995) se rendeu à essa difícil tarefa na obra *Ciencia, cyborgs y mujeres. La reinvención de la naturaleza*. Nesse trabalho, a autora classifica gênero como instrumento de contestação à naturalização da diferença sexual. Pode-se considerar neste posicionamento uma visão importante e antecipada da amplitude que essa discussão promove e abrange, diante da composição social e cultural que sexualidade e gênero trazem.

Judith Butler é um dos principais nomes nos estudos críticos das demarcações de gênero da atualidade. Ela traz à luz discussões da biologia e as aplica no campo social, considerando fundamental nas contendas sociais as questões relativas ao corpo, ao sexo e às diferenças entre o masculino e o feminino em todas as suas esferas (SENKEVICS, 2012). Butler aponta para isso em sua obra *Problemas de gênero: feminismo e subversão da identidade* e defende que é preciso considerar que as diferenças biológicas existem, porém é importante reconhecer como elas são tratadas no campo social e como elas direcionam os posicionamentos hierárquicos nesse setor.

Butler afirma que sexo e gênero são categorias distintas, sendo que o primeiro é orgânico e o segundo é construído socialmente, orientado pela cultura que cria e recria padrões. No entanto, a autora aponta para a arbitrariedade dessa distinção e afirma que também o sexo é socialmente construído e, nesse sentido, se aproxima do caráter cultural do gênero. Ao analisar como se forma e se caracteriza a categoria de gênero a partir do movimento feminista, Butler toma a frase emblemática de Simone de Beauvoir "Ninguém nasce mulher: torna-se mulher" (BEAUVOIR, 1967, p. 09) e aponta para o fato de que esse "ser" que se torna mulher não é necessariamente apontado como uma fêmea. Defende que a identidade e a essência do indivíduo são, na verdade, expressões do sujeito e não o sujeito em si. Para tanto, toma o conceito de *différance* conforme definido por Derrida: não como uma mera diferença particular relacionada a algum aspecto específico, mas como uma diferenciação primeira que determina todas as outras e que só se dá a partir da alteridade. Dessa forma, abandona posições que afirmam a totalidade e a universalidade e as refuta a partir da ideia de que estruturas binárias negam a multiplicidade identitária, respaldados pela linguagem e pela cultura. Segundo ela, um caminho possível para solucionar o problema seria deixar em aberto a questão da identidade do sujeito, permitindo que ele expresse a sua pluralidade e isso só poderia ser feito por meio de uma nova configuração política autêntica e não derivada de determinados interesses (RODRIGUES, 2005).

Acreditamos que o essencial não são todos esses escrúpulos, o "moralismo" que revelam, ou a hipocrisia que neles podemos vislumbrar, mas, sim, a necessidade reconhecida de que é preciso superá-los. Pode ser possível que, ao falar sobre as nuances da sexualidade e das relações de gênero, e falar publicamente, de uma maneira que não seja ordenada em função da demarcação entre o lícito e o ilícito, os temas se tornem menos polêmicos. Nesse sentido, um caminho é falar do sexo como de uma coisa que não se deve simplesmente condenar ou tolerar, mas gerir, inserir em sistemas de utilidade, regular para o bem de todos, fazer funcionar segundo um padrão eficaz (FOUCAULT, 1988, p. 27).

Muito se falou e se fala sobre sexualidade, seja para silenciar, para vigiar, seja para criar novas verdades, seja para dar visibilidade a grupos de minorias. O fato é que o assunto instiga e atrai, uma vez que falar de sexualidade é falar de vida. E as relações de gênero podem ser consideradas o impulso às identidades subjetivas que precisam emergir para que os sujeitos se apropriem e vivenciem de forma saudável o ser social que há em cada um. Campos, De Tílio e Crema (2017) sugestionam para a importância de se compreender que a identidade humana é mutável, não estática. Para os autores, há que se conceber que existem várias identidades possíveis definidas não só pelo gênero, mas também pela etnia, pela sexualidade, pela divisão de classes, pelo país de origem, entre outras.

Nesse contexto, é habitual que as pessoas vejam gênero e diversidade como um comportamento rebelde ou anormal, algo estranho e que deve ser controlado e domado. No entanto, reduzir todo o sexo à sua função reprodutiva, à sua forma heterossexual e adulta e à sua legitimidade matrimonial não explica, sem a menor dúvida, os múltiplos objetivos visados, os inúmeros meios postos em ação nas políticas sexuais concernentes aos dois sexos, às diferentes idades e às classes sociais. A afetividade é inerente ao ser humano, integra sua constituição biológica e precisa ser completa, por meio das relações de gênero estabelecidas nas relações sociais.

Enfim, de acordo com Costa (2012), a compreensão das relações de gênero exige muito estudo, além de ser fundamental partir do entendimento de como são construídas as relações de homens e mulheres na sociedade, bem como a identidade dos sujeitos. Presente nesse diálogo, também se faz necessário um enfoque nas questões de violência contra a mulher, partindo de reflexões sobre a supremacia masculina e a subordinação feminina. Para os autores, essa subordinação não é natural ou imutável, pelo contrário, é composta por identidades plurais, o que permite conceber gênero como parte do conjunto da sociabilidade dos sujeitos. Nessa pesquisa, partimos do conceito de gênero embasado na diferenciação entre gênero, sexo e sexualidade enquanto categoriais distintas, mas complementares, em que a primeira se refere à identidade do sujeito, a segunda ao sexo biológico e a terceira ao modo como o sujeito expressa sua afetividade. No entanto, atentamos para a necessidade de considerar as três categorias igualmente importantes na constituição da identidade do sujeito, a partir das reflexões traçadas a seguir.

Diversidade nos estudos de gênero

Na seção anterior, a categoria gênero foi apresentada procurando-se demonstrar seus principais desdobramentos ocorridos nas últimas décadas. Ao se iniciar este novo componente da pesquisa, a ideia é refletir sobre como a sexualidade, o gênero e a orientação sexual permeiam a identidade dos sujeitos.

Para Toneli (2012, p. 152), a sexualidade é parte integrante do ser humano, sendo sua essência o "núcleo da identidade pessoal". Enquanto temáticas de estudo, sexualidade e gênero despertam interesse de instituições diversas, que compõem o status social, sendo elas "a família, a religião, o saber médico, o Direito etc." (CAMPOS; DE TILIO; CREMA, 2017, p. 3). Eles são produto de aprendizagens e práticas sociais e culturais, em um processo sempre inacabado (LOURO, 2008). Mais que definições, o que deve importar ao mundo são as práticas sociais em diversas instâncias e instituições sociais (CONNELL, 2016).

Ao longo dos séculos, a divisão entre masculino e feminino foi fundamental e, embora existam variações de acordo com a cultura na qual essa dicotomia se constrói e apesar de não existirem características e ações exclusivamente biológicas, alguns aspectos são considerados "naturais" ou "desejáveis" (RODRIGUES, 2006). Logo, é preciso questionar a visão de uma construção social que coloca em questão a existência do corpo isolado da cultura e sociabilidades em que está imersa. As transformações sociais evidenciam que o gênero, entendido como relacionado à identidade sexual e como uma "forma primária de dar significado às relações de poder" (SCOTT, 1995, p. 86), permeia várias esferas institucionais, definidas cultural e historicamente, por sujeitos que se apresentam em situações, agrupamentos e instituições sociais, etnias, nacionalidades, entre outros (LOURO, 2008).

As pessoas não são iguais; homens e mulheres não são iguais entre si; ser masculino ou ser feminino passa por várias nuances e, apesar das teorias mais recentes sobre gênero romperem com essa dicotomia e negarem as identidades fixas (BUTLER, 2008), as desigualdades ainda permanecem. Assim, as diferenças estão presentes no cotidiano e na cultura, embora estejamos inseridos em uma cultura "que às vezes tem dificuldade de reconhecer e valorizar determinados tipos de diferença" (LINS; MACHADO; ESCOURA, 2016). A sexualidade apresentada como natural tende a ser referência para todos os sujeitos, sendo a heterossexualidade concebida como normal. Isso confere às outras formas de sexualidade um caráter peculiar e anormal (LOURO, 2008, p. 17).

Quando se pensa na concepção de gênero, como apontado por Scott, presente na história e na formação dos sujeitos, é importante reconhecer que ainda há expectativas e padrões de gênero, mesmo que seja possível encontrar uma enorme variedade de corpos, sexualidades, práticas e desejos sexuais (LINS; MACHADO; ESCOURA, 2016). Por isso adotaremos aqui a concepção de Scott (1995), visto que, em nossa opinião, as reflexões de Butler ainda são de difícil apreensão no senso comum. Essa fluidez de identidades e orientações sexuais pode ser percebida, na emersão pública de gays, lésbicas, queers, bissexuais, transexuais, travestis, transgêneros, agêneros, entre outros (LOURO, 2008). Outras variações se apresentam, ao final da década de 1960, passando por 1970 e ganhando força nas décadas seguintes, no que diz respeito à sexualidade: tecnologias reprodutivas, controle de natalidade, relações amorosas com novos formatos, gravidez cada vez mais precoce (FLEURY, 1995). Foram transformações importantes, que afetaram as identidades sexuais, não somente na época em que vieram à tona, mas por todas as décadas subsequentes (LOURO, 2008)

Assim, frente às mudanças e diante de novas concepções, a sexualidade, vai se transformando, se tornando mutável, surgindo a expressão "diversidade sexual" que, basicamente, refere-se às várias maneiras das pessoas viverem e expressarem sua sexualidade (SÃO PAULO, 2014).

A sexualidade é intrinsecamente ligada às crenças, ideologias e imaginação, tanto quanto ao corpo físico (WEEKS, 1993) e são muitas as possibilidades de se viver desejos, prazeres e afetividades. E essas vivências são promovidas e regidas pela sociedade, a mesma sociedade que regula e condena (LOURO, 2008).

Os movimentos gay[5], com presença significativa no cenário brasileiro e mundial, trazem a público a revelação dos desejos, das intimidades das pessoas. Eles se apresentam como uma amostra da organização social em torno do sexo, da sexualidade, fazendo com que as questões de gênero, envoltas em uma temática transversal, se tornem públicas e as pessoas possam "viver sem máscaras". Esses movimentos são oportunidades de as pessoas exporem seus desejos, "definir e revelar as identidades" (FERRARI, 2003, p. 112).

Ao final dos anos 1960, já caminhando para as propostas e movimentos da década seguinte, as campanhas por justiça e direitos iguais foram reforçadas por grupos como *Campaign for Homosexual Equality*[6], na Grã-Bretanha, e o *Gay Activists Alliance*[7], nos Estados Unidos, que buscavam descontruir estereótipos e trazer à tona uma imagem positiva à comunidade gay (SPARGO, 2017).

Lutar por direitos faz parte dos movimentos gays que se organizaram a partir da década de 1970 e lutaram

> [...] para que pessoas com identidades de gênero ou desejos sexuais diferentes dos considerados "tradicionais" tenham direitos e oportunidades iguais ao restante da população (LINS; MACHADO; ESCOURA, 2016, p. 71).

Os movimentos gays nos anos 1970, que questionavam a família patriarcal nuclear e o casamento, enquanto instituições sociais de opressão, estabelecem relações próximas com o movimento feminista, que também debatia essas instituições, porque eram consideradas opressoras também das mulheres (SPARGO, 2017).

---

[5] Esses movimentos emergem nos anos 1970, a partir do desenvolvimento de pesquisas relacionadas à sexualidade e suas possibilidades de fuga do modelo heteronormativo (FERRARI, 2003).

[6] "Campanha pela Igualdade Homossexual", em livre tradução.

[7] "Aliança de Ativistas Gays", em livre tradução.

DIVERSIDADE, SEXUALIDADE E EDUCAÇÃO: VIVÊNCIAS EM PATROCÍNIO (MG)

Os movimentos promovidos pela população gay iniciam-se no Brasil entre o final da década de 1970 e início dos anos 1980, período fértil para a luta por direitos e pela defesa da visibilidade. O país se encontrava em um contexto político de grandes mudanças, saindo da ditadura e entrando em um processo que, segundo Ferrari (2004, p. 105), era marcado por um "otimismo cultural e social que atingia a todos". A democracia despertava um sonho de liberdade e esperança para o movimento gay "em que a homossexualidade poderia ser celebrada sem restrições" (FERRARI, 2004, p. 105). Havia, contudo, a consciência de que não seria fácil desconstruir os parâmetros da homossexualidade e seus tabus, porém apresentava-se a possibilidade de positivar a imagem dessa parcela da população a partir da valorização da autoestima e dos signos relacionados à fuga da heteronormatividade (FERRARI, 2004).

Na ocasião, o movimento gay se comparava ao movimento das mulheres em se tratando dos propósitos, uma vez que o segundo também se propunha e a garantir a revisão das normas convencionadas a partir do corpo, da mesma forma que as outras, tendo acesso aos direitos previstos na Constituição. Além disso, a luta também foi em busca de uma sociedade justa e igualitária, na qual as pessoas discriminadas sejam fortalecidas o suficiente para enfrentar a discriminação e a rejeição presentes historicamente na sociedade (LINS; MACHADO; ESCOURA, 2016).

Os autores supracitados afirmam que, apesar de possuir a maior Parada de Orgulho LGBT do mundo, o Brasil é o recordista em violência contra a população LGBT. Eles consideram essas manifestações como uma oportunidade de evidenciar as discriminações que sofrem, pois emergem diante da violência a que as pessoas que vivenciavam uma diversidade sexual enfrentavam. No entanto, décadas de lutas não cessaram a violência e os crimes homofóbicos estão na mídia constantemente (LINS; MACHADO; ESCOURA, 2016). Como concluem os autores, muitas vezes, essa violência é sustentada por uma cultura machista, com supremacia e hierarquização de gênero, que tem atingido níveis preocupantes de banalidade (LINS; MACHADO; ESCOURA, 2016).

Em seus estudos sobre a sexualidade, Foucault (1988) aponta que os estudos sobre sexo foram fundamentais para se entender os mecanismos de poder centrados nele. Já no século 19, os discursos heteronormativos se apresentavam na formação e orientação de mulheres, crianças e casais. Fica claro ao leitor que as orientações sexuais desviantes, entre elas a homossexualidade, estavam presentes nos discursos, como sendo perversão sexual.

Balieiro (2011) aponta a década de 1990 como sendo um marco para a população de gays e lésbicas, considerando-se os movimentos pela causa, que a partir daí passaram a receber novas configurações. O anseio dos envolvidos era que sua orientação sexual fosse desvinculada de doença e ou anormalidade. O autor destaca que o movimento cresceu em busca de apoio por novos formatos de casamento e de família, diferente das propostas de lutas no início dos movimentos, considerando que em tais instituições é preciso haver representatividade, cargos ocupados também por gays e lésbicas que garantiriam o respeito a seus direitos.

A garantia de direitos é um dos passos para a construção da cidadania LGBT, independentemente de sua identidade de gênero e de sua orientação sexual, embora seja um caminho com diversos desafios. A discriminação fomenta o preconceito, que por sua vez promove a violência, tornando-se uma teia complicada e cruel, tornando necessário desconstruir a lógica da heteronormatividade.

O respeito entre as pessoas deve partir do entendimento de que "as formas de viver a sexualidade, de experimentar prazeres e desejos, mais do que problemas ou questões de sujeitos, precisam ser compreendidas como problemas ou questões da sociedade e da cultura" (LOURO, 2007b, p. 204).

Para Lins, Machado e Escoura, (2016, p. 24) torna-se fundamental considerar que "igualdade entre as pessoas não é anular as nuances e as diferenças existentes entre elas". Ao contrário, para um justo respeito à diversidade há que existir o respeito a essas diferenças, garantindo que elas não sejam utilizadas como força para hierarquizar violências, injustiças e validar relações de poder.

A homofobia não pode continuar em um quadro de indiferença na sociedade; ela exige políticas públicas de equidade que visem o exercício da justa democracia. A diversidade sexual e a pluralidade de identidade de gênero precisam ser reconhecidas, "garantindo e promovendo a cidadania de todos/as" (JUNQUEIRA, 2009, p. 83). Louro (2007) se apresenta intolerante à homofobia e faz um rico apontamento, considerando a sociedade preconceituosa em que vivemos: "Desprezar alguém por ser gay ou por ser lésbica é, para mim, intolerável. No entanto, na nossa sociedade, essa parece ser uma atitude comum, corriqueira, talvez mesmo 'compreensível'" (LOURO, 2007b, p. 203). Vários conceitos perpassam pelos discursos e nos diversos espaços sociais no que se refere à diversidade sexual. Assim, no ano de 2014, uma cartilha elaborada pelo Governo do Estado de São Paulo, intitulada Diversidade Sexual e Cidadania LGBT, apresentou algumas definições também presentes em obras diversas da literatura pertinente à temática. Nesse sentido, é salutar dialogar com eles:

> **Orientação Sexual** É a atração afetiva e/ou sexual que uma pessoa manifesta em relação à outra, para quem se direciona, involuntariamente, o seu desejo. Existem três tipos majoritários de orientação sexual: **Heterossexual:** Pessoa que se sente atraída afetiva e/ou sexualmente por pessoas do sexo/gênero oposto. **Homossexual** (Gays e Lésbicas): Pessoa que se sente atraída afetiva e/ou sexualmente por pessoas do mesmo sexo/gênero. **Bissexual:** Pessoa que se sente atraída afetiva e/ou sexualmente por pessoas de ambos os sexos/gêneros. **Importante!** Não se utiliza a expressão "opção sexual" por não se tratar de uma escolha. Portanto, **Orientação sexual ≠ Opção sexual** Não se utiliza a expressão "homossexualismo", pois, neste caso, o sufixo "ismo" denota doença. A homossexualidade não é considerada como patologia pela Organização Mundial da Saúde (OMS) desde 1990, quando modificou a Classificação Internacional de Doenças (CID), declarando que a homossexualidade não constitui doença, nem distúr-

bio e nem perversão. Portanto, **Homossexualidade ≠ Homossexualismo.** (SÃO PAULO, 2014, grifos do original, n.p.).

No que se refere aos dois últimos conceitos, homossexualidade e homossexualismo, eles devem ficar bem esclarecidos para a sociedade, uma vez que ainda há muito que se intensificar o seu uso adequado. Lins, Machado e Escoura (2016, p. 126) afirmam que há uma grande diferença entre os termos, apesar da semelhança, para os quais exemplifica o sufixo "ismo" presente em nomes de situações patológicas, "como alcoolismo e sonambulismo". A temática de sexualidade e de gênero é rica em denominações que identificam as várias formas da pessoa viver e ou se apresentar, considerando seus desejos, suas vivências e o modo como se relaciona com a sociedade e com os outros sujeitos. É um arcabouço rico e que precisa ser entendido de forma a minimizar os efeitos que a diversidade ainda causa frente aos preconceitos historicamente construídos.

Homossexualidade e homossexualismo, orientação sexual e opção sexual são conceitos construídos, mas nem sempre compreendidos pela sociedade; conceitos que se apresentam e são amplamente difundidos pelas pessoas, que nem sempre compreendem seu significado antagônico.

Basicamente, a cartilha Diversidade Sexual e a Cidadania LGBT (2014) aponta que a sexualidade humana é composta por três elementos: sexo biológico, orientação sexual e identidade de gênero, ao que denomina Diversidade Sexual, sendo esta as infinitas formas de vivência e expressão da sexualidade (SÃO PAULO, 2014). Nessa cartilha encontramos algumas notas interessantes, sendo importante identificar que a sigla GLS (Gays, lésbicas e simpatizantes), utilizada no início dos movimentos, não é mais utilizada, tendo sido ampliada. Posterior a ela, várias organizações internacionais ligadas à questão, como a Organização das Nações Unidas (ONU) e a Anistia Internacional adotam a sigla LGBT (lésbicas, gays, bissexuais e transexuais). No entanto, outras variações se seguiram: LGBT, LGBTT, LGBTIQ,

LGBTQI, LGBT+, sendo possíveis outras denominações. Considera-se a versão mais completa a sigla LGBTPQIA+, em que as letras têm as representações, respectivamente: lésbicas, gays, bissexuais, travestis[8]/transexuais[9]/transgêneros[10], pansexuais[11], queer[12], intersex[13] e assexuais[14]. O sinal + é utilizado para incluir pessoas que não se sintam representadas por nenhuma das outras sete letras (FERRAZ; KRAICZYK, 2017).

Os movimentos LGBT, considerando a ampliação da sigla, bem como os movimentos feministas que os antecederam, foram e são fundamentais para que novas posturas sejam tomadas, frente à categorização das identidades sexuais e de gênero. Eles trazem a reivindicação por mais espaço da diversidade sexual nas várias representações sociais no mundo contemporâneo (FERRARI, 2004).

Dentre os termos presentes nos estudos de sexualidade e gênero, a teoria *queer* tem se apresentado frequente nas discussões de diversidade sexual. Spargo (2017, p. 13) considera que esta teoria "não é um arcabouço conceitual ou metodológico único ou sistemático, e sim um acervo de engajamentos intelectuais com as relações entre sexo, gênero e desejo sexual". Ela faz parte dos desdobramentos que a temática da diversidade sexual vem ganhando nos espaços de discussão.

---

[8] "Pessoa que vivencia papéis de gênero feminino, mas não se reconhece como homem ou mulher, entendendo-se como integrante de um terceiro gênero ou de um não-gênero" (JESUS, 2012, p. 27).

[9] "Termo genérico que caracteriza a pessoa que não se identifica com o gênero que lhe foi atribuído quando de seu nascimento" (JESUS, 2012, p. 27).

[10] "Conceito 'guarda-chuva' que abrange o grupo diversificado de pessoas que não se identificam, em graus diferentes, com comportamentos e/ou papéis esperados do gênero que lhes foi determinado quando de seu nascimento" (JESUS, 2012, p. 25).

[11] "Sentem atração por diversos sexos/gêneros, quando se aceita a existência de mais de dois gêneros ou alguém que tem uma orientação mais abrangente" (CERQUEIRA-SANTOS, 2010, p. 236).

[12] "Termo ainda não consensual com o qual se denomina a pessoa que não se enquadra em nenhuma identidade ou expressão de gênero" (JESUS, 2012, p. 28).

[13] "Pessoa cujo corpo varia do padrão de masculino ou feminino culturalmente estabelecido, no que se refere a configurações dos cromossomos, localização dos órgãos genitais [...] e se refere a um conjunto amplo de variações dos corpos [...] que engloba, conforme a denominação médica, hermafroditas verdadeiros e pseudo-hermafroditas" (JESUS, 2012, p. 25).

[14] "Pessoa que não sente atração sexual por pessoas de qualquer gênero" (JESUS, 2012, p. 26).

Spargo (2017, p. 13) considera que, "em inglês, o termo '*queer*' pode ter função de substantivo, adjetivo ou verbo, mas em todos os casos se define em oposição ao 'normal' ou à normalização". Ele se refere a posição de enfrentamento à norma e a normalização e combate principalmente a heteronormatividade compulsória. Ainda assim, também questiona o caráter de normalização e estabilidade do que é proposto pelo movimento homossexual. Segundo Butler, os papeis de gênero binários só podem ser mantidos se são constantemente afirmados e reafirmados, materializados pelos corpos, o que não condiz com o caráter mutável desses e que torna a autoridade a principal forma de manutenção desses papeis. Nesse sentido, para a autora, os papeis de gênero são meramente performativos, visto que são forçados por uma hegemonia e não resultado de uma ação natural.

Antagonicamente ao termo "trans" encontra-se o termo cisgênero ou simplesmente "cis", sendo assim denominadas aquelas pessoas "que se identificam com o gênero que lhes foi atribuído quando ao nascimento" (JESUS, 2012, p. 14). Assim, Spargo (2016) acrescenta que, se a pessoa não se identifica como homem ou como mulher em consonância com o sexo biológico, ainda surge mais uma designação ou denominação, que é a pessoa trans. É importante ressaltar que a diversidade é o que enriquece a sociedade, sendo ela cada vez mais presente na sociedade.

A respeito de questões jurídicas referentes à diversidade sexual, Louro (2007b, p. 203) afirma que "conviver com um sistema de leis, de normas e de preceitos jurídicos, religiosos, morais ou educacionais que discriminam sujeitos porque suas práticas amorosas e sexuais não são heterossexuais é, para mim, intolerável". Tal afirmação abre uma discussão importante nesse campo social de gênero e sexualidade, que são as questões jurídicas que abarcam os direitos sociais e legais a que as pessoas que compõem a diversidade sexual são possuidoras.

Maria Berenice Dias, renomada pesquisadora da área, presidenta da Comissão da Diversidade Sexual da Ordem dos Advogados do Brasil (OAB), apresenta uma decisão que avança, em muito, a proteção e a garantia de direitos às pessoas com identidades de gênero que fazem parte de uma grande diversidade. Segundo a autora, com os avanços jurídicos e de direitos alcançados por esses grupos, houve a necessidade de que profissionais do Direito fossem capacitados de maneira adequada para atendimento a essas demandas, sendo que isso levou "a Ordem dos Advogados a criar Comissões da Diversidade Sexual em todos os cantos do Brasil" (DIAS, 2015, p. 98).

Os direitos à liberdade e à dignidade estão presentes na Declaração Universal dos Direitos Humanos, de 1948, e resguardados pela Constituição Federal do Brasil, de 1988, quando esta afirma em seu art. 3º, inc. IV, que seu objetivo fundamental é "promover o bem de todos, sem preconceitos de origem, raça, sexo, cor, idade e quaisquer outras formas de discriminação". No entanto, em se falando de proposições legais, lésbicas, gays, bissexuais, travestis e transexuais ainda não contam com efetivo jurídico, mesmo sendo cidadãos e cidadãs de direitos e deveres. Esta privação decorre do preconceito social ainda fortemente presente na sociedade, que nega a liberdade de expressão e de vivência de sua sexualidade.

Até aqui ficamos nas proposições de gênero, sexualidade, diversidade, direitos. Há, no entanto, que se considerar as relações homoafetivas, que buscam espaço na instituição família, em que possam exercer os direitos legais que essa formação milenar abarcou. Moreira (2015, p. 72), em seu estudo quanto aos direitos homoafetivos e seu reconhecimento jurídico, afirma que essas relações precisam ser reconhecidas e respeitadas, "a começar pelo Poder Legislativo na edição de leis específicas que concedam direitos a essa minoria". Em uma "retrospectiva legislativa" a autora constata que "ainda não existem leis específicas que concedam aos homoafetivos direitos basilares, assegurados aos demais cidadãos brasileiros" (MOREIRA, 2015, p. 72).

Pode-se considerar seu trabalho relevante, uma vez que a autora se propõe a analisar, de forma abreviada, alguns projetos de leis favoráveis e contrários aos cidadãos homoafetivos, que foram apresentados à Câmara dos Deputados, posteriormente à Constituição de 1988 (MOREIRA, 2015). Enfim, a discussão aqui presente é relevante e válida para reflexão. Para Louro (2007b) é preciso conhecer e reconhecer todos os entraves que a sociedade e a cultura apresentam para o exercício da sexualidade; "os modos como se regulam, se normatizam e se vigiam os sujeitos de diferentes gêneros, raças e classes nas suas formas de experimentar prazeres e desejos" (LOURO, 2007b, p. 204). É fundamental o exercício de entender "as práticas que tais sujeitos põem em ação para responder a esses desejos, as práticas que acionam para se constituírem como homens e mulheres" (LOURO, 2007b, p. 204). Vale ressaltar que a questão não é somente aceitar e tolerar diferenças, mas, sim, ultrapassar essas ideias a partir de políticas que questionem as próprias normas de sociabilidade que produzem as hierarquias de gênero (DINIS, 2008).

Viver a sexualidade das várias formas possíveis é questão pertinente a toda uma sociedade, não aos sujeitos, uma vez que as pessoas não vivem em guetos. As imposições da sociedade para a vivência da sexualidade dos sujeitos precisam ser revistas e entendidas como a negação de direitos, prática que não cabe em uma sociedade que se apresenta como sendo democrática. Democracia não combina com as práticas de negação e vigilância impostas às pessoas que compõem a diversidade, não somente a sexual, mas também a de raça, de cor ou classe social; são minorias que se veem constantemente agredidas física, emocional ou moralmente, apenas por se apresentarem com modos de viver diferente, em especial o modo de viver a sua sexualidade. A constituição da legitimidade precisa ser reconstruída, diante do quadro de supremacia de um poder nascido na opressão e no desprezo. Os sujeitos sexualmente diferentes precisam ser acolhidos em sua totalidade, sem uma categorização pautada nas formas de vivência da sexualidade, nem mesmo regulada a partir das relações de poder (LOURO, 2007b).

Gênero e diversidade sexual na educação básica

Conforme visto nas seções anteriores, a sexualidade representa e exprime diversas formas de sociabilidade e significância. O sexo está na mídia; televisão, revistas, redes sociais fazem apelos constantes, explorando, de forma incansável, questões da sexualidade humana e de sua diversidade.

Conforme já foi discutido, a sexualidade é uma das dimensões mais completas do ser humano, envolvendo gênero, identidade sexual, orientação de desejo, erotismo, envolvimento emocional, amor e reprodução. É experimentada ou expressa em pensamentos, fantasias, desejos, crenças, atitudes, valores, atividades, práticas, papéis e relacionamentos. Nesse universo, a escola tem se deparado com demandas em seu cotidiano, para as quais nem sempre está preparada para atender de forma satisfatória os anseios de seu público adolescente e jovem. Isso compromete as relações estabelecidas em seu cotidiano e, por conseguinte, também interfere no processo ensino-aprendizagem.

Pesquisas realizadas por autores como Corrigan (1991) e Epstein e Johnson (1998) indicam que as temáticas gênero/sexualidade têm sido tratadas ou a partir da correção e disciplina dos corpos ou ainda partem da premissa da dessexualização do ambiente escolar. São questões que abarcam todo um processo de construção de identidade, de si mesmo e do outro que está próximo, para a autoafirmação diante da sociedade da qual é parte. Nesse sentido, é possível perceber que a escola atua inserida em um contexto histórico e suas políticas e posturas são permeadas por ele. Se a norma moral da sociedade é heteronormativa, essa lógica está presente na escola tanto quanto em outras instituições.

> Uma matriz 'masculinizante' impregnou o funcionamento das instituições, da qual a escola não escapa. Práticas educacionais, familiares e sociais que reproduzem estereótipos vinculados aos papéis femininos e masculinos na vida cotidiana condicionam os valores e direitos que regem a vida das crianças desde muito cedo. A criação de escolas para todos, nas quais ambos os sexos são igualmente respeitados, deve estabelecer entre seus principais objetivos a abordagem da questão de gênero com vistas a ensinar e respeitar a desfrutar da riqueza propiciada pela diversidade humana. (DUK, 2006, p. 87).

Educar para as questões de gênero faz parte do aprendizado geral de convivência democrática, que inclui o respeito à pluralidade e a preservação dos direitos e da dignidade humana, portanto, faz parte do processo de construção da cidadania.

A temática de gênero e de sexualidade é uma via privilegiada de educação para a vida, uma vez que favorece a atuação não só no nível das individualidades, mas também nos padrões de convivência interpessoal e de organização social. Quem assume a responsabilidade dessa formação se constitui como interlocutor dos jovens do nosso tempo no tratamento de uma das dimensões mais ricas e complexas da existência humana, com vistas a uma vivência social democrática e respeitosa.

As ações propostas pelas escolas devem, prioritariamente, contribuir para uma educação básica de qualidade, capaz de criar as bases essenciais para a formação do indivíduo, seu desenvolvimento pessoal e social, promovendo valores e atitudes fundamentais para a formação do jovem autônomo e solidário. No entanto, a discussão da temática em destaque demanda conhecer como essas questões vêm sendo discutidas em âmbitos políticos, dos quais se espera vigilância constante do respeito aos direitos dos cidadãos e cidadãs. Políticas públicas, em especial para a educação, devem privilegiar o respeito à diversidade presente na sociedade atual. A diversidade no foco deste estudo é a questão de gênero, presente em várias polêmicas, mas sobre a qual a educação deve voltar seu olhar.

As políticas públicas consistem em um conjunto de regras e leis estabelecidas pelo governo para controlar determinados campos sociais e suas desigualdades. É um campo do conhecimento que analisa e propõe ações para o governo a partir da união de pesquisas de várias áreas do conhecimento. Nesse sentido, partem da permissa de uma totalidade, ou seja, da ideia de que o todo é a condensação das instituições, ideologias e sujeitos, bem como de seus interesses. A partir da sintetização de conhecimentos obtidos na investigação sociológica, política, econômica, antropológica, geográfica, entre outras, formulam-se projetos e planos de ação que visam corrigir problemas e desigualdades sociais. Já as políticas públicas educacionais referem-se a leis e princípios voltados para solucionar problemas da mesma ordem, considerando as especificidades do ambiente escolar (FONSECA-MORELLO *et al.*, 2017).

O sujeito contemporâneo, face às diversas identidades que constroem aquilo que ele é, enfrenta dificuldades no plano da representação política, sobretudo naquilo que diz respeito às questões de gênero (BUTLER, 2008)

> Sempre houve uma distinção entre seres humanos fundamentada na diferença biológica do corpo, tal diferença, contudo, não compreende um ideal daquilo que seria uma política de direitos humanos (PIOVEZAN, 2010, p. 23).

Diante das questões educacionais que a escola abarca, cabendo, ainda a discussão e orientação de gênero e diversidade que enriquecem a sociedade atual, é mister conhecer a trajetória de lutas e propostas legais para que hoje sejam temáticas de ampla contenda. No que se refere a publicações e pesquisas, Vianna (2012, p. 128) afirma que "a produção acadêmica sobre a temática de gênero e sexualidade nas políticas públicas educacionais ainda é tímida", por serem recentes; embora Foucault (1988, p. 22), tenha constatado em suas análises dos discursos que "sobre o sexo, os discursos [...] não cessaram de proliferar: uma fermentação discursiva que se acelerou a partir do século XVIII". É uma temática que incita a curiosidade desde longa data, considerando as formas do discurso e pesquisas de acordo com o tempo histórico e o contexto sociocultural.

> A perspectiva das relações sociais de gênero inserida em propostas de políticas públicas de educação, bem como o contexto dessas produções, são processos tensos de negociações para reformas, projetos, proposições que trazem em seu bojo discussões trazidas à tona pelo poder público, mas muito mais nascidas de movimentos sociais que buscam espaços nas administrações, com vistas ao reconhecimento das desigualdades presentes na sociedade. A polêmica desses temas gera conflitos, contradições e

grande complexidade nas discussões. (VIANNA, 2012, p. 130).

Piovezan (2010) aponta que é no século 19 que o discurso médico começa a ter visibilidade no campo da sexualidade, propondo a regulação desta, da higiene e da saúde, com o pensamento no risco de aquisição de doenças físicas e mentais, uma vez que as tendências sexuais que fugiam da heteronormatividade eram consideradas distúrbios psíquicos. O controle da higiene era uma ferramenta para o controle da sexualidade.

A Declaração de Direitos Humanos, em 1948, inicia, de forma tímida, mas ousada para a época, a garantia de direitos ao homem, em um período carregado de violência e falta de respeito ao ser humano, com o fim da Segunda Guerra Mundial. Esta Declaração, proclamada na Assembleia Geral das Nações Unidas, em 10 de novembro de 1948, foi assinada pelo Brasil na mesma data. Foi um documento nascido no momento trágico do pós-guerra, quando o mundo saía de um dos maiores conflitos da história, sendo necessário que se lançasse ao mundo um olhar de esperança sobre a humanidade arrasada, necessitada de reconstrução física, mas também de valores feridos pelo horror da guerra. Tal documento já previa o reconhecimento da dignidade de todos os seres humanos, direitos esses iguais e inalienáveis fundamentados na liberdade, na justiça e na paz. A Assembleia Geral proclamava que cada indivíduo se esforçasse, por meio do ensino e da educação, para "promover o respeito a esses direitos e liberdades [...]". Foi um grande passo na defesa do ser humano. Artigos presentes nessa Declaração que se configuram como fundamentais nessa garantia, no que tange à intimidade e vida privada e à proteção contra qualquer tipo de violência:

> Art. 1º Todas as pessoas nascem livres e iguais em dignidade e direitos. São dotadas de razão e consciência e devem agir em relação umas às outras com espírito de fraternidade.
>
> Art. 2º Toda pessoa tem capacidade para gozar os direitos e as liberdades estabelecidas nesta Declara-

> ção, sem distinção de qualquer espécie, seja de raça, cor, sexo, língua, religião, opinião política ou de outra natureza, origem nacional ou social, riqueza, nascimento, ou qualquer outra condição.
>
> [...]
>
> Art. 12º Ninguém será sujeito a interferências na sua vida privada, na sua família, no seu lar ou na sua correspondência, nem a ataques a sua honra e reputação. Toda pessoa tem direito à proteção da lei contra tais interferências ou ataques (ONU, 1948, s.p).

Louro (2008, p. 20) aponta que, "a partir dos anos 1960, jovens, estudantes, negros, mulheres, as chamadas 'minorias[15]' sexuais e étnicas passaram a falar mais alto". De acordo com a autora, essa forma de manifestação denunciava a inconformidade desses grupos, seu desencantamento com as formas de tratamento que recebiam e questionavam teorias e conceitos presentes nas relações. Além de se proporem a derrubar fórmulas, criar novas linguagens e construir novas práticas sociais. "Esses diferentes grupos, historicamente colocados em segundo plano pelos grupos dominantes, estavam e estão empenhados, fundamentalmente, em se auto representar" (LOURO, 2008, p. 20). Podemos ler em Louro que grupos sociais até então tidos como em situação de subordinação se uniram em uma luta pela visibilidade social. Queriam que outros modos de viver, outras histórias e experiências se tornassem conhecidos e respeitados e esses sujeitos alcançassem o direito de "falar por si e de si" (LOURO, 2008, p. 20).

Uma série de lutas ou uma luta plural, protagonizada por grupos sociais tradicionalmente subordinados, passava a privilegiar a cultura como palco do embate. Seu propósito consistia, pelo menos inicialmente, em tornar visíveis outros modos de viver, os seus próprios modos: suas estéticas, suas éticas, suas histórias, suas experiências e suas questões.

---

[15] Nota no original: "A expressão minoria não pretende se referir a quantidade numérica, mas sim a uma atribuição valorativa que é imputada a um determinado grupo a partir da ótica dominante. Conforme a revista La Gandhi Argentina (1998), as minorias nunca poderiam se traduzir como uma inferioridade numérica, mas sim como maiorias silenciosas que, ao se politizar, convertem o gueto em território e o estigma em orgulho gay, étnico, de gênero" (LOURO, 2008, p. 20).

Desencadeava-se uma luta que, mesmo com distintas caras e expressões, poderia ser sintetizada como a luta pelo direito de falar por si e de falar de si (LOURO, 2008, p. 420). A autora traça um movimento que chama de "segunda onda" — que se inicia no final da década de 1960 —, ocasião em que o feminismo, além das preocupações sociais e políticas, passa a voltar-se também para construções propriamente teóricas.

O ano de 1968 é considerado por Louro (2008) como emblemático, pois é marcado pela rebeldia e questionamento do conceito de gênero. O embate entre pesquisadores e militantes, bem como as críticas a esses movimentos, foi essencial para evidenciar a insatisfação coletiva sobre essa questão. Especialmente em países como os Estados Unidos, a Inglaterra, a França e a Alemanha, havia uma insatisfação geral com os arranjos de gênero e sexualidade dominantes que sustentavam a discriminação, o silenciamento e a segregação. Essa insatisfação, no entanto, não surge especificamente em 1968, mas emerge como resultado de uma sucessão de questionamentos (LOURO, 2008, p. 16). No final dos anos 1960, a sociedade vivencia processos até então desconhecidos, quando modificações estruturais são observadas, a partir dos movimentos feministas e LGBT. Com esses movimentos, bem como seu empreendimento intelectual em favor de questões de identidade sexual e de gênero, passa-se a perceber a representação do gênero compreendida como vivência corporal (BUTLER, 2008).

É fundamental compreender a importância dos movimentos nas décadas de 1960 e 1970 que, embora não tenham atingido plenamente os objetivos políticos no que tange a mudanças em favor das ditas minorias, apresentou grandes influências no meio cultural. A partir das lutas travadas em busca da garantia de direitos a todos e todas, inicia-se uma nova demanda por conhecimentos e ações, sendo essas "o trampolim histórico para as atuais pesquisas sobre gênero" (CONNELL; PIERCE, 2015, p. 44).

Trazendo as políticas públicas para o universo da Educação, diante das lutas e discussões em torno de sexualidade e, consequen-

DIVERSIDADE, SEXUALIDADE E EDUCAÇÃO: VIVÊNCIAS EM PATROCÍNIO (MG)

temente, de gênero, empreendidas ao longo de décadas de história, Vianna e Unbehaum (2004, p. 78) ponderam que

> [...] são grandes a preocupação e o esforço investidos em mudanças na educação básica brasileira nas últimas décadas, principalmente no final dos anos de 1980, com a consolidação da Constituição Federal de 1988.

As autoras ressaltam que documentos considerados importantes no contexto de formulação de políticas públicas educacionais no Brasil, como a Constituição Federal de 1988, a Lei de Diretrizes e Bases da Educação (LDB), de 1996, e os Parâmetros Curriculares Nacionais (PCN), devem ser considerados levando-se em conta o contexto de sua produção, pois são documentos

> [...] frutos de determinados momentos históricos e, por isso, expressam valores e costumes da sociedade ou, mais especificamente, de um segmento social e cultural dominante (VIANNA; UNBEHAUM, 2004, p. 81).

Ainda que as discussões sobre a inclusão da temática da sexualidade no currículo escolar sejam antigas, não é possível afirmar o mesmo sobre sua influência na criação de políticas públicas do governo para a educação.

> Em 1995, sob forte influência multissetorial o Ministério da Educação e Cultura - MEC instaura o processo de elaboração dos Parâmetros Curriculares Nacionais – PCN, para o Ensino Fundamental como instrumentos de referência para a construção do currículo, sendo o volume 10 da coleção destinado a uma perspectiva de gênero e sexualidade na educação escolar do Brasil. Os trabalhos começaram a aparecer em 1995, com acréscimo gradual das produções acadêmicas até 2009. Houve aumento irrelevante entre os períodos de 1995/1997 [...] e 1998/2000 [...]. As teses de doutorado só apareceram a partir de 2002. De 2001 a 2003, foi encontrado um incremento na

> produção [...] Ênfase mais acentuada apareceu nos dois últimos triênios. (VIANNA, 2012, p. 128).

Os Parâmetros Curriculares Nacionais para o Ensino Fundamental (PCN), de 1998, consistem em um primeiro direcionamento para temáticas transversais no currículo escolar, e entre essas a orientação sexual, determinando que a elaboração de propostas pedagógicas das escolas brasileiras deve integrar as áreas de conhecimento e os temas da vida cidadã. Eles foram lançados oficialmente em 1997 e distribuídos por todo o território nacional no início de 1998, pelo MEC. Vianna (2012), em pesquisa sobre a produção acadêmica com a temática gênero, sexualidade e políticas públicas, considera que os PCN se destacaram pelo ineditismo, sendo um avanço considerável com respeito à "oficialização do tema da sexualidade e do gênero no currículo e nas escolas" (VIANNA, 2012 p. 131), além da exigência da transversalidade do tema, em todas as áreas do currículo escolar.

A autora observa, entretanto, que, nos trabalhos por ela analisados, além do avanço apresentado por esse documento, é preciso destacar a pequena relevância que a diversidade sexual possui. Além disso, questões relacionadas a gênero e a sexualidade quase sempre são tratadas a partir de uma ótica medicalizante e biologizante, sempre associada ao corpo, à doença e à saúde, de forma informativa e administrativa (VIANNA, 2012).

Em 2006, o MEC, em parceria com outros ministérios e secretarias voltados para a formação para a diversidade na educação básica, lança a terceira edição do material para a formação docente, *Educar na Diversidade* (BRASIL, 2006). Contou com a importante colaboração dos Ministérios da Educação dos países integrantes do MERCOSUL, com a cooperação da Organização dos Estados Americanos (OEA) e da Organização das Nações Unidas para a Educação, Ciência e Cultura (UNESCO). Segundo consta nesse documento, o panorama educacional surgido com a expansão das redes públicas de ensino, apontava a formação docente para a inclusão como um dos maiores desafios para a construção de um sistema eficaz para

DIVERSIDADE, SEXUALIDADE E EDUCAÇÃO: VIVÊNCIAS EM PATROCÍNIO (MG)

combater a exclusão educacional e promover a inclusão social de todos e de todas (VIANNA, 2012).

A proposta do referido material era a formação de docentes das redes públicas de ensino, nos âmbitos federal, estadual e municipal, por meio de projetos piloto em polos, para a implementação de uma prática inclusiva nas escolas, considerando as diversidades presentes na sociedade atual.

No que se refere à formação docente, essa produção pode ser considerada

> [...] o principal produto do Projeto Educar na Diversidade nos Países do MERCOSUL, desenvolvido na Argentina, Brasil, Chile, Paraguai e Uruguai, entre 2000 e 2003. O projeto foi financiado pela Organização dos Estados Americanos (OEA) e contou com o assessoramento técnico do Escritório Regional de Educação para a América Latina e Caribe, da UNESCO. (UNESCO/ Santiago, Chile). (BRASIL, 2006).

Esse material, idealizado para apoiar práticas escolares inclusivas, contribui para que as escolas se tornem menos restritas e dá suporte para que os docentes se preparem melhor para a diversidade existente no ambiente escolar. A formação é proposta a partir de estudos e oficinas, promovendo o conhecimento e a interação entre os membros do grupo. *Educar na Diversidade* pode ser considerada uma obra de grande relevância para a quebra de preconceitos e inclusão por meio da educação, uma vez que aponta para necessidades específicas de grupos diversos, considerando o respeito ao gênero, para a formação de meninos e meninas, que muitas vezes também se apresenta como preconceito e é uma questão visível nos índices de permanência e resultados escolares (BRASIL, 2006, p. 13).

No que tange às questões de gênero, o material de estudo tem como objetivo que os professores reflitam "sobre como os preconceitos, as expectativas e as práticas docentes condicionam o comportamento e a aprendizagem das crianças, jovens e adolescentes, considerando-se as diferenças de gênero" (BRASIL, 2006, p. 85). Na publicação *Educar na diversidade* (BRASIL, 2006), as questões de gênero são apresentadas com enfoque educacional, discutindo as oportunidades e as formas de tratamento recebidas na escola, por meninos e meninas, não aprofundando nas questões de orientação sexual. É um trabalho voltado para a equidade de oportunidades entre o sexo feminino e o sexo masculino, buscando combater principalmente o machismo entre alunos, desde pequeninos e entre educadores e educadoras, que perpetuam formas preconceituosas de tratamento da questão, presentes na sociedade.

A discriminação com base no sexo está presente no cotidiano escolar, dentro do qual continuam sendo adotados modelos que preservam uma atitude discriminatória "tradicional", os quais implicam atitudes e expectativas distintas entre meninos e meninas, e modelos que impõem e generalizam a cultura e os valores masculinos como universais (BRASIL, 2006, p. 87). Professores e professoras têm um papel fundamental na construção de escolas para todos e, para realizarem sua função social como educadores e educadoras, devem adquirir habilidades para refletir sobre as práticas de ensino em sala de aula e para trabalhar em colaboração com seus pares a fim de contribuir na construção de abordagens educacionais dinâmicas e inclusivas.

Foucault (1988, p. 76-77) abre um questionamento importante, que instiga às discussões no espaço escolar:

> [...] por que o sexo é assim tão secreto? Que força é essa que, durante tanto tempo, o reduziu ao silêncio e mal acaba de ceder, permitindo-nos talvez questioná-lo, mas sempre a partir e através de sua repressão?.

Percebe-se que o espaço que a escola oferece para que o tema diversidade de gênero e temáticas afins sejam abordadas é insuficiente e, principalmente, são temas vistos de forma isolada, com enfoques meramente biológicos e ou como forma de reforçar conteúdos moralizantes, sem uma perspectiva interdisciplinar, preconizada pelos PCN, um dos documentos mais importantes no que se refere a políticas públicas para a educação.

Para além das políticas públicas, criar espaço para a discussão sobre sexualidade e gênero na escola é muito mais que falar de diferenças anatômicas entre homens e mulheres. Práticas e tabus referentes aos dois temas são construções históricas e culturais da humanidade. Assim, pensar sexualidade e gênero é o desafio de enfrentar dilemas, explorar ambiguidades, refletir posições, derrubar barreiras. Aí, o tema se coloca como desafio para a educação, pois não se trata de estabelecer padrões de comportamento ou de incluir mais uma disciplina no currículo escolar. A educação para a afetividade e sexualidade diz respeito à reflexão sobre relações humanas na sociedade.

A escola ainda continua sendo um espaço privilegiado para implementação de ações que promovam o fortalecimento da autoestima e do autocuidado; a preparação para a vivência democrática; o aumento dos níveis de tolerância às diversidades; o estabelecimento de relações interpessoais mais respeitosas e solidárias. Enfim, fatores que privilegiam a melhoria da qualidade de vida das pessoas em sociedade.

A escola é um espaço de ensino, aprendizagem e vivência de valores. Nela, os sujeitos se socializam, brincam, e experimentam a convivência com a diversidade humana. No ambiente educativo escolar, o respeito, a alegria, a amizade, a disciplina, o combate à discriminação e o exercício dos direitos e deveres devem ser práticas que garantam a socialização e a convivência, desenvolvam e fortaleçam a noção de cidadania e de igualdade entre todos. Ainda, a escola é um local privilegiado para implementação de políticas de educação que devem incorporar a discussão relacionada à desigualdade de gênero, junto à comunidade escolar. A educação é uma das ferramentas mais poderosas para se obter mudanças nas nossas próprias atitudes, nas das famílias, nas das escolas e de toda a sociedade, para eliminar estereótipos e preconceitos. No entanto, Vianna e Unbehaum (2004, p. 78) apontam que

> [...] a produção de conhecimento sobre o atual desenvolvimento de políticas públicas de educação pela perspectiva da redução da desigualdade de gênero no sistema público de ensino brasileiro é ainda escassa.

O contexto educacional é um ambiente que envolve diversidade de gêneros, etnias, idades, crenças, classes sociais e logo há uma presença clara da sexualidade. No entanto, o jovem ainda é visto como um ser compartimentalizado, um corpo constituído por partes sexuais esvaziadas de suas dimensões histórica, cultural, social, humana e sexual. Desse modo, o contexto educacional se torna um espaço de poder em que se fala de sexo, porém, envolvido a mitos e preconceitos, e com o único intuito de prevenir doenças.

Para se entender mais sobre diversidade um caminho possível é observar nossos alunos; eles representam uma população de origem bastante diversificada: raças/etnias variadas, culturas diversas. A igualdade de direitos de homens e mulheres — independentemente de classe social, raça, origem e orientação sexual — está garantida pela Constituição brasileira, embora os Direitos Humanos sejam reconhecidos mundialmente. No entanto, observa-se que a discriminação das pessoas em função de suas diferenças é uma realidade. Para algumas pessoas, ser diferente significa ser desigual. Quem pensa assim tem, com certeza, muita dificuldade de conviver democraticamente com a diversidade, ou de reconhecer que o diferente tem os mesmos direitos e deveres na vida em sociedade.

Por abrigar uma amostra preciosa da diversidade cultural e étnica, as escolas não podem permitir que se cultivem o preconceito e o desrespeito a si próprio e ao outro. Muito pelo contrário, em função dessa pluralidade tão próxima, é dever da escola contribuir para garantir os direitos fundamentais a todos, inclusive o respeito às questões de gênero presentes, não só na escola, mas na sociedade como um todo. A educação atua no sentido de ensinar às novas gerações a adaptar-se e a comportar-se segundo os valores e os modelos socioculturais existentes. Tal processo começa na família e continua nas escolas (BRASIL, 2006)

Pesquisas como as de Vianna (2012) indicam que prevalecem as dificuldades em romper com os padrões tradicionais a respeito das identidades de gênero, em romper com as concepções que se pautam na heteronormatividade A autora afirma que os novos sentidos a respeito da sexualidade são constantemente influenciados pelos aparatos de controle social e que, ainda quando há espaço para discutir a temática, essa se restringe à ideia médico-higienista defendida por cientistas e biólogos e fica limitada a uma visão heteronormativa.

> As expectativas e os interesses de professores (as) e alunos (as) em relação ao debate sobre sexualidade no contexto escolar são múltiplos e, por vezes, contraditórios. Prevalecem as dificuldades em romper com os padrões tradicionais a respeito das identidades de gênero, mas também ganham espaço tentativas de ressignificação das concepções docentes para além da heteronormatividade no trabalho pedagógico. (VIANNA, 2012, p. 133).

Piovezan (2010) faz uma ponderação bastante pertinente, no que se refere sobre a presença das discussões de gênero nas escolas, quando afirma que "o sujeito e sua representação político-social na perspectiva de gênero não ocorrem, de fato, na educação brasileira" (PIOVESAN, 2010, p. 29). Isto porque existe um "um emaranhado de relações de poder, o qual cria dispositivos discursivos de um sujeito estático, fixo e, numa análise radical, sem representação político-social" (PIOVESAN, 2010, p. 29). Comungamos com a autora quando esta afirma que nos espaços escolares o que deve prevalecer na formação são os valores humanos, que formam a personalidade e o caráter do sujeito. Falar de meninas ou meninos, de masculino e feminino deve se dar com vistas a prevalecer o ser humano na sua integridade. Viver as emoções, ter atitudes positivas como a cooperação, a atenção com o outro, a responsabilidade, o compromisso e ter capacidade para ouvir e saber decidir são atitudes de todos e todas, independentemente de gênero. A divisão de tarefas também deve fazer parte de uma formação que não privilegie um ou outro, sensibilizando para as discussões sobre as questões de gênero (BRASIL, 2006).

O que se pode observar a partir dos estudos aqui realizados é que, apesar das proposições e documentos já elaborados, na busca da promoção de ações efetivas para uma discussão madura sobre as questões de gênero no âmbito educacional, ainda existem grandes desafios a serem vencidos. As reflexões aqui propostas mostram que é muito presente a associação de gênero a sexo. Ao abordar os dualismos nas identidades de gênero, impera uma grande dificuldade em romper com essa dicotomia (VIANNA, 2012). Sendo assim, ficam evidentes que as propostas partem da diferenciação no campo social, do trabalho etc., em detrimento das discussões de gênero no campo da orientação sexual.

2

METODOLOGIA E CAMPO DA INVESTIGAÇÃO

Tendo discorrido brevemente acerca das abordagens e teorias sobre gênero e diversidade sexual, bem como contextualizada a aproximação da temática com a educação básica no Brasil, neste capítulo discutiremos a metodologia da pesquisa em suas relações com a constituição do campo da investigação. Como será visto, por se tratar de uma pesquisa de tipo etnográfico, a caracterização do campo e dos participantes não pode ocupar lugar secundário, sendo tão importante para a pesquisa quanto a análise de dados específicos obtidos mediante a aplicação de instrumentos.

O capítulo está organizado em três seções. Na primeira apresentamos a metodologia, discorrendo brevemente sobre seus fundamentos e explicitando seu processo de operacionalização. Na seção seguinte, descrevemos o campo da investigação, o que envolve uma caracterização da cidade de Patrocínio (MG), e, na sequência, apresentamos os perfis dos diferentes grupos que constituem a comunidade escolar — professores, alunos, gestão e funcionários e familiares — pesquisada.

Metodologia e percurso metodológico

Conforme protocolo submetido e aprovado pelo Comitê de Ética em Pesquisa envolvendo Seres Humanos (CEP-Uniube)[16], fez-se opção por uma pesquisa de tipo etnográfico, o que exige do pesquisador que, antes de aplicar instrumentos (no caso, questionários), compareça diversas vezes à escola com a finalidade única de observar o cotidiano e de aproximar seu olhar da perspectiva dos participantes da investigação.

---

[16] A pesquisa foi aprovada pelo CEP-Uniube e está registrada sob o CAAE n.º 77371717.9.0000.5145

Como a referida modalidade de pesquisa é um desdobramento do método etnográfico, iniciaremos discorrendo brevemente a respeito.

Para Malinowski (1967), antropólogo funcionalista que no início do século 20 tornou-se referência por sua contribuição à sistematização do método etnográfico, este tipo de pesquisa envolve três momentos com características distintas: a formação teórica, o trabalho de campo e a escrita etnográfica (MÁRQUES, 2002). A formação teórica é fundamental para que o pesquisador adquira a capacidade de formular questões a partir daquilo que lhe será apresentado pelo campo. Assim, Malinowski postula que, antes de ir a campo para trabalhar em tal perspectiva, o pesquisador deve ter adquirido bons conhecimentos da bibliografia e suficiente familiaridade com a produção teórica a respeito da temática.

A partir da obra clássica de Malinowski (1967), publicada pela primeira vez em 1922, Márques (2015) explica que, até que se tenha condições de abordar os participantes com questionamentos reveladores de seu modus vivendi, pode-se empregar o tempo em outras atividades da pesquisa. Uma delas é o recenseamento e registro das redes de parentesco e de sociabilidade. Este é um procedimento interessante porque, além de fornecer dados estatísticos que serão muito úteis para a caracterização do campo (conforme faremos na seção 2.2), também permite que o grupo se familiarize com a presença do pesquisador.

Já no momento final, o da produção textual, a autora defende que se espera do texto etnográfico não apenas uma descrição detalhada do campo da investigação, mas que, além disso, apresente e interprete as principais categorias nativas, "discutindo as proposições hipotéticas em suas relações com o quadro teórico adotado" (MÁRQUES, 2015, p. 8).

Todos estes elementos, atribuídos às etnografias stricto sensu, podem ser encontrados, de alguma forma, em textos de pesquisas "de tipo" etnográfico[17]. A diferença, entretanto, é significativa. Para

---

[17] Também chamadas por alguns autores de "pesquisas de orientação etnográfica", "de inspiração etnográfica", em "abordagem etnográfica", o que demonstra um esforço de demarcar que não se trata de uma etnografia no sentido estrito.

que se trate de uma pesquisa etnográfica é preciso que o projeto possa se definir em campo, e não antes. Isso porque considera-se que é no aprofundamento do encontro do pesquisador com o cotidiano da comunidade que as questões de pesquisa se configuram (MÁRQUES, 2015, p. 8). Em decorrência, é preciso, ainda, que os procedimentos metodológicos possam ser repensados e alterados sempre que necessário.

No caso da presente pesquisa, cujo trabalho de campo envolve um total de 10 semanas, reconhecemos que não se trata de uma pesquisa etnográfica stricto senso, tanto pela reduzida imersão em campo quanto pelos argumentos a seguir, expostos por André (1995, p. 28):

> Se o foco de interesse dos etnógrafos é a descrição da cultura (práticas, hábitos, crenças, valores, linguagens, significados) de um grupo social, a preocupação central dos estudiosos da educação é com o processo educativo. Existe, pois, uma diferença de enfoque nessas duas áreas, o que faz com que certos requisitos da etnografia não sejam — nem necessitem ser — cumpridos pelos investigadores das questões educacionais.

Assim, tomamos a pesquisadora como referência, quando ela afirma que "o que se tem feito, pois, é uma adaptação da etnografia à educação, o que me leva a concluir que fazemos estudos do tipo etnográfico e não etnografia no seu sentido estrito" (ANDRÉ, 1995, p. 28). Isso porque as etnografias nas pesquisas em Educação estão baseadas nas técnicas etnográficas — aproximação do pesquisador, foco no processo e não somente no resultado, observação participante, relevância da perspectiva do pesquisado, trabalho de campo e formulação de hipóteses — mas não exigem que o pesquisador educacional fique realmente imerso por um longo período no campo ou relacione o objeto pesquisado com outras culturas, bem como dispensa o "uso de amplas categorias sociais" em suas análises (ANDRÉ, 1995, p. 28).

Ao afirmar a necessidade de uma "descrição densa" na pesquisa etnográfica, Geertz (1973) destaca a importância de analisar cada contexto, pois acredita que a cultura não é algo construído, mas sim um conjunto de símbolos e signos de diversas ordens, que vão desde determinadas sociabilidades até o modo como as instituições influenciam os sujeitos. O pesquisador, portanto, deve aproximar-se gradativamente do campo de pesquisa para compreender a realidade e para apreender o máximo possível dos significados que os membros do grupo atribuem aos objetos de investigação (ANDRÉ, 1995).

Dessa forma, para alcançar a intenção de manter uma "aproximação etnográfica", o trabalho de campo foi realizado em ocasiões diversificadas, como aulas, intervalos, atividades recreativas, sala dos professores, saída dos estudantes, solenidades. Entendemos que, assim, conseguiríamos perceber melhor as várias relações que se entremeiam constituindo o lócus da investigação.

Optamos por essa modalidade de pesquisa porque acreditamos que a etnografia possibilita evidenciar as especificidades dos sujeitos investigados quanto ao modo como esses concebem o mundo, a cultura como um todo e os processos sociais do seu cotidiano (ANDRÉ, 1995). No cotidiano escolar, as estruturas de poder e os modos como o contexto social dos sujeitos investigados se organiza podem passar despercebidos quando não há uma investigação cuidadosa que atente para a variabilidade do tecido social e que leve em conta sua característica de estar em constante transformação.

Nesse sentido, a escola é um terreno fértil para a pesquisa de tipo etnográfico, pois é um espaço plural, em que os conhecimentos são criados, recriados, modificados e repassados. Essa pluralidade cultural é essencial, não só porque a presente pesquisa investigou a diversidade sexual e de gênero e o modo como essa é abordada nos processos educativos, mas também porque permite compreender o movimento de conciliação de opiniões, identidades e crenças que são, por vezes, conflitantes (ANDRÉ, 1995).

O recorte no ensino médio deveu-se ao fato de que este é um público que, em tese, já viveu o processo chamado de orientação sexual e que prossegue envolvido em outros projetos escolares eventualmente propostos em resposta a questões pontuais sobre a temática (como *bullying* homofóbico, DST/AIDS, gravidez precoce, aborto etc.). Já a comunidade escolar foi escolhida considerando suas particularidades, mas também algumas questões práticas, como a facilidade de acesso do pesquisador.

Ao propor o instrumento, produzido no âmbito da pesquisa mais ampla a que se filia a presente dissertação, nossa intenção foi conhecer aspectos dos perfis socioeconômico e cultural dos participantes, favorecedores da contextualização do campo em que se deu a pesquisa, bem como colocar em discussão as categorias centrais da investigação. Ao longo das visitas à escola, notamos envolvimento e interesse dos membros do corpo escolar, professores. Outro aspecto que chamou atenção ao longo da observação participante foi o envolvimento dos moradores do entorno com a escola, especialmente quanto às atividades abertas para a comunidade. Também notamos uma relação próxima dos funcionários com os pais e responsáveis.

Os participantes são alunos de três turmas do ensino médio (uma de cada série), seus respectivos professores, seus pais ou responsáveis e outros funcionários e gestão da escola, constituindo quatro diferentes grupos de sujeitos:

Tabela 3 – Participantes da pesquisa

GRUPOS	TURMAS	OBSERVAÇÃO E QUESTIONÁRIOS
Grupo 1 – Discentes	Turma 1	8
	Turma 2	4
	Turma 3	7
Grupo 2 – Professores		10
Grupo 3 – Funcionários gestão		10
Grupo 4 – Familiares		5

Fonte: elaborado pelo autor

Depois de conhecer bem o Projeto Político Pedagógico da escola e de realizar observações de sondagem[18] no entorno e no interior da instituição escolar, todos os alunos das três turmas em questão foram informados sobre a pesquisa e sobre os critérios de inclusão. Os 10 primeiros alunos de cada turma que devolveram os Termos de Consentimento Livre e Esclarecido e os Termos de Assentimento Livre Esclarecido e Informado devidamente preenchidos e assinados (seus e de um adulto responsável) compuseram o grupo dos participantes da primeira fase, caracterizada pela observação participante e da aplicação de um instrumento misto. Na etapa seguinte, o afunilamento deste grupo até que restem apenas amostras não estatísticas. Quanto aos professores, foram convidados 10 docentes que atualmente lecionam nas três turmas. O grupo dos funcionários e gestão foi composto por quatro profissionais da escola com quem os alunos e seus familiares têm mais contato no dia a dia, secretaria e direção.

As três turmas foram observadas em situações do cotidiano escolar, contudo, o foco esteve, evidentemente, naqueles sujeitos que tinham fornecido a documentação consentindo com sua participação na pesquisa. Isso exigiu do pesquisador e sua orientadora que se comprometessem junto ao Comitê de Ética a não realizar registros de observação e nem considerar dados envolvendo alunos, professores e funcionários não participantes, que, entretanto, também foram observados, mesmo que de forma não intencional (em razão da impossibilidade de se isolar os participantes em uma pesquisa social).

Decorridos seis semanas, ao longo das quais foram realizadas 12 visitas à escola, no momento seguinte, foi entregue aos alunos participantes um instrumento a ser respondido de forma anônima. O questionário foi organizado em duas partes, uma geral, contendo sete questões abordando idade, sexo, gênero, classe social, religião e hábitos de lazer, e uma parte específica, com 14 questões. Ao final foram inseridos dois exercícios de evocação livre de palavras a partir dos termos "gênero" e "orientação sexual". Na mesma ocasião um

---

[18] Durante este primeiro período de observação anterior à obtenção do Consentimento livre e esclarecido, não foi estabelecida comunicação verbal intencional com os sujeitos, conforme acordado com o CEP.

DIVERSIDADE, SEXUALIDADE E EDUCAÇÃO: VIVÊNCIAS EM PATROCÍNIO (MG)

questionário similar (quanto ao conteúdo) foi encaminhado aos familiares e /ou responsáveis por intermédio dos alunos.

Depois de recolhidos, os questionários foram tabulados e os dados organizados, buscando-se, neles, categorias temáticas elaboradas com base nos achados da observação. Além de contribuir para conhecer o perfil socioeconômico e cultural da comunidade escolar, a segunda parte do instrumento trouxe entendimentos gerais dos diferentes segmentos envolvidos a respeito da inserção das temáticas de gênero e diversidade sexual na educação básica, que serão discutidos no capítulo três deste livro.

Depois disso, os resultados foram colocados em triangulação no processo de composição do texto, utilizando-se como vértices: a) pesquisa de campo; b) pesquisa bibliográfica; c) pesquisa documental. A opção pela triangulação também se dá no âmbito da pesquisa de tipo etnográfico, pois assim é possível colocar em diálogo olhares múltiplos sobre a mesma questão. Essas três etapas de investigação do método etnográfico são importantes para nós porque permitem perceber três dimensões de poder: cultural, institucional e pedagógica.

A primeira diz respeito a características da prática escolar, desde o modo como se organiza o trabalho pedagógico, passando por questões referentes às estruturas de poder e controle e a disponibilidade de recursos materiais e imateriais, até o modo como os agentes escolares participam das relações cotidianas no campo de pesquisa. Esse aspecto é essencial na presente investigação porque influencia o modo como é organizado o ensino na sala de aula e também porque evidencia como o contexto social determina a configuração do contexto escolar e os conteúdos trabalhados pelos professores.

Além disso, permite saber quais são as expectativas da comunidade escolar, da família e da população do bairro para com a educação das crianças e adolescentes e como a cultura e os valores de cada sujeito atuam nesse contexto. Isso também justifica a necessidade de contato direto com a escola e com seu corpo administrativo que a observação participativa propicia (ANDRÉ, 1995).

A segunda dimensão está relacionada a situações que envolvem a relação entre o aluno, o professor e o conhecimento. Nessa, é importante investigar as práticas e conteúdos de ensino, o material didático e as atividades desenvolvidas entre professor e alunos, pois nessa interação um bom observador é capaz de notar como estão presentes características morais, políticas, afetivas e éticas específicas do campo de análise. A análise desses aspectos nos permite refletir se a escola cumpre sua função de socializadora e intermediária entre expectativas, valores e concepções diversas (ANDRÉ, 1995).

A terceira e última dimensão se refere ao contexto social no qual estão inseridos os membros da comunidade escolar. Essa dimensão permite compreender quais são as forças políticas e sociais às quais estão submetidos os sujeitos investigados e como essas macroestruturas determinam a prática educativa. Essa última dimensão possibilita analisar a escola dentro de uma totalidade que acompanha as transformações e especificidades de cada contexto social (ANDRÉ, 1995).

Assim, essas três dimensões permitem que a pesquisa não fique limitada e apenas reproduza os depoimentos dos sujeitos investigados. Elas contribuem para que nossa pesquisa não tenha um viés parcial ou que imponha categorias de análise que orientem o estudo e possam, porventura, determinar alguma interpretação que não condiz com a realidade. Cabe destacar que essa descrição densa contribui para evitar a produção de teorias somente a partir de dados, sem aprofundamento crítico e interpretativo.

Para cumprir como que foi proposto e para conciliar as três dimensões supracitadas, partimos de uma abordagem que considera as nuances diversas do lócus da pesquisa. Nesse sentido, levamos em conta aspectos econômicos, sociais e culturais da formação histórica da cidade de Patrocínio. Isso porque, para nós, o contexto histórico e espacial que dá origem à cidade é parte importante da composição não só das sociabilidades como também do próprio sujeito e o modo como este concilia sua perspectiva individual com as tradições e hábitos do meio em que vive.

Julgamos também necessário considerar nessa análise o modo como se constitui a cultura da educação em Patrocínio a partir do traçado histórico do surgimento e das mudanças das escolas da cidade. Para tanto, dados do Instituto Brasileiro de Geografia e Estatística (IBGE) e do recenseamento escolar do Índice do Desenvolvimento da Educação Básica (IDEB) serviram como base, não só pela ausência de levantamentos e pesquisas acadêmicas sobre a região de Patrocínio, mas também pela confiabilidade e credibilidade dos dados apresentados por estas instituições.

Além disso, para auxiliar no trabalho de traçar um perfil socioeconômico da população da cidade, foram utilizados dados do Cadastro Geral de Empregados e Desempregados (Caged), que possibilitaram conhecer e caracterizar o modo como a população do município é composta. Foram considerados os critérios de pirâmide etária de acordo com gênero, de PIB per capita, orientação religiosa e infraestrutura.

Por fim, traçamos o perfil socioeconômico dos sujeitos da comunidade escolar que é nosso objeto de investigação a partir dos questionários aplicados. Foram considerados também o contato com a temática de gênero ao longo da trajetória escolar e a opinião dos sujeitos em relação à necessidade da presença deste conteúdo nos currículos escolares.

Conhecendo o lócus da pesquisa

A pesquisa foi realizada em uma comunidade escolar da cidade mineira de Patrocínio. Em alguns aspectos, a história do município não se diferencia muito da história de diversas cidades do interior de Minas Gerais, por ser ponto de encontro de passagem das expedições dos Bandeirantes que buscavam abastecer seus suplementos e conseguir alguma acomodação. Segundo Almeida (2008), por volta do ano de 1668 o bando de Lourenço Castanho Taques invadiu o território de negros e índios conhecido como Planalto do Catiguá. A etnia dos indígenas que ocuparam inicialmente esse território é desconhecida e são escassos os trabalhos acadêmicos que dão conta dessa especificidade. Seria necessária uma investigação mais cuidadosa para trazer alguma informação sobre esse aspecto, o que não é o foco do presente trabalho.

Seguindo o pedido do Conde de Valadares, um homem conhecido como Capitão Inácio de Oliveira Campos fez explorações e escavações naquela região. Saindo de Pitangui, atingiu o planalto do Catiguá e suas reminiscências e destruiu grandes quilombos no Vale do Rio Dourados, criando, em 1773, a Fazenda Brumado dos Pavões, onde iniciou uma criação de gado bovino e agricultura de subsistência. Capitão Inácio é considerado como fundador da cidade de Patrocínio no ano de 1772, porém, após falecer, Dona Joaquina de Pompeu, sua esposa, passou a administrar a fazenda da família, tornando-se uma grande matriarca e fornecendo gado às tropas de Dom Pedro I durante a luta pela independência (ALMEIDA, 2008).

Somente após a chegada do primeiro padre na cidade, padre Leonardo Francisco Palhano, se iniciou o processo de povoação, visto que o cardeal havia sido nomeado pelo bispo para as missões de evangelização no sertão do Rio São Francisco, mas após um desentendimento com outro sacerdote, atravessou a bacia do Rio São Francisco e alcançou as Vertentes do rio Paranaíba. Ele construiu uma pequena capela dedicada a São João Nepomuceno que logo foi destruída pelos índios. Em seguida, passou a seguir a expedição de João Monteiro de Souza, chegou ao Planalto do Catiguá e fundou outra capela, também dedicada a São João Nepomuceno. Após a descoberta de fontes de água sulfurosa no ano de 1819, a região passou a ser oficialmente parte da capitania de Goiás e nomeada como sesmaria do bebedouro do Salitre (ALMEIDA, 2008).

A busca por ouro nessa região era intensa e, por isso, estabeleceu-se um comércio considerável. Suas casas e o fluxo de famílias mineiras na região começaram a aumentar e em 1793 o arraial torna-se um refúgio para aqueles que buscavam fugir da escassez do vil metal e passaram a se dedicar a agricultura de subsistência ou criação extensiva de gado. O único relato sobre esse território nesse contexto data de 1819, quando o naturalista francês August de Saint-Hillaire, que visitou a região e descreveu 40 casas pequenas feitas de barro e madeira cobertas de telha e sem reboco, dispostas em duas fileiras que formavam uma alongada praça e, no centro, uma pequena capela de Nossa Senhora do Patrocínio, também de madeira e barro (ALMEIDA, 2008).

Somente no ano de 1842, no dia 7 de abril, é que a Vila Nossa Senhora do Patrocínio se tornou oficialmente o município, cujo cargo de presidente da primeira Câmara Municipal foi atribuído ao capitão Francisco Martins Mundim. Em 1852 se deu início ao ciclo do diamante, após a descoberta do famoso brilhante Estrela do Sul no distrito de Diamantina, da barragem que pertencia à Vila Nossa Senhora do Patrocínio. Em 1858 o município foi desmembrado e a partir dele criou-se o município de Estrela do Sul, Araguari e Monte Carmelo (ALMEIDA, 2008).

A cidade de Patrocínio sempre foi município agropecuário e que tinha entre os seus principais produtos de comércio o queijo minas, a rapadura, as farinhas de milho e de mandioca, o polvilho, o arroz, o feijão, o fumo de rolo, o trigo, a cachaça e, especialmente, o café. Todos esses produtos serviam como suplemento para a capital da época, Ouro Preto. Ainda hoje a cidade é conhecida como a terra do café, que é à base da economia e que movimenta o comércio e a prestação de serviços (ALMEIDA, 2008).

Patrocínio passou por grandes mudanças ao longo dos anos. A área do município e a densidade populacional, conforme dados obtidos também por meio dos levantamentos do IBGE, são os mais recentes e datam dos anos de 2016 e 2017. Estima-se que a população de Patrocínio, no ano de 2017, contava com 89.983 pessoas e área da unidade territorial, segundo levantamento de 2016, é de 2874,344 quilômetros (km) quadrados, com densidade demográfica de 28,69 habitantes/km². A divisão territorial mais recente data de 2014 e inclui no município de Patrocínio as cidades de Patrocínio, Santa Luzia dos Barros, Salitre de Minas, São João da Serra Negra e Silvano.

Ilustração 1 – Mapa da localização da cidade de Patrocínio, MG

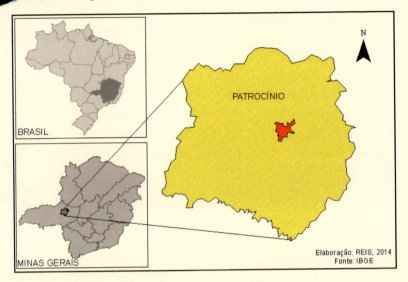

Fonte: IBGE (2014)

A maioria da população está empregada nas áreas de serviço, agricultura e comércio, respectivamente. Segundo pesquisa do IBGE voltada para o Cadastro Central de Empresas, que data de 2014, 7.489 pessoas estavam empregadas no setor de serviços, 5.558 no setor de comércio, 5.113 na agricultura e, por fim, 3.905 no setor industrial. Em parceria com os Órgãos Estaduais de Estatística, Secretarias Estaduais de Governo e com a Superintendência da Zona Franca de Manaus, foi possível concluir que o Produto Interno Bruto (PIB) per capita aumentou consideravelmente entre 2010 e 2013, passando de 15.506,41, em 2010, para 20.528,52, em 2013.

Além disso, na última década foram criados diversos polos educacionais de Educação à Distância de várias faculdades e universidades, entre elas, Uniube, UniCesumar, Unopar e Uniasselvi. Tais polos educacionais ofertam uma grande variedade de cursos e especializações, especialmente na área da educação. O Centro Universitário do Cerrado (UNICERP) — em destaque aqui por ser a maior instituição de ensino superior da cidade —, também passou por grande expansão, tanto em sua infraestrutura quanto no estímulo às pesquisas acadêmicas. Também cresceu o estímulo à extensão a partir da parceria com empresas locais e regionais. Por fim, o UNI-CERP firmou, em março de 2018, uma parceria com a Universidade Presbiteriana Mackenzie e inaugurou sete cursos de pós-graduação *lato sensu*. Acreditamos que a expansão é relevante não somente para essa pesquisa, mas também porque, como já mencionado anteriormente, existem poucas pesquisas acadêmicas sobre Patrocínio e região e a criação de novos cursos de graduação e pós-graduação e, mais ainda, o estímulo à pesquisa e extensão, são um bom caminho para ampliar os horizontes e adquirir mais informações sobre a cidade e a região, tanto no que se refere à sua história quanto a questões da atualidade. Nesse sentido, se comparado às cidades da região de porte semelhante, Patrocínio cresceu vertiginosamente e se reafirmou como uma boa opção para os moradores da cidade e dos pequenos distritos que compõe o município.

Patrocínio é também a cidade de Minas Gerais que mais gerou empregos em 2016. De acordo com dados do Caged, o maior setor de oportunidade foi o setor agropecuário, que gerou 1.618 novas vagas em apenas um mês. O salário médio é de 2,1 salários-mínimos e cerca de 20.952 pessoas estão ocupando cargos no mercado de trabalho formal, cerca de 23,6% da população municipal, cujo 32,1% possuem rendimento per capita de até meio salário-mínimo. Segundo publicação de revista Exame (23/7/2017), no ano de 2016 a cidade ocupava a 16ª posição no ranking de cidades que mais geraram empregos no período de crise.

Quanto à pirâmide etária do município, 5.670 têm entre 0 e 4 anos, 6.169 têm entre 5 e 9 anos, 7.369 têm entre 10 e 14 anos, 7.213 têm entre 15 e 19 anos, 7.386 têm entre 20 e 24 anos, 7.017 têm entre 25 e 29 anos, 7.046 têm entre 30 e 34 anos. 6.275 têm entre 35 e 39 anos, 6.155 têm entre 40 e 44 anos, 5.673 têm entre 45 e 49 anos, 4.524 têm entre 50 e 54 anos, 3.668 têm entre 55 e 54 anos, 2.737 têm entre 60 e 64 anos, 2.067 têm entre 65 e 69 anos, 1.624 têm entre 70 e 74 anos, 1.057 têm entre 75 e 79 anos, 657 têm entre 80 e 84 anos, 310 têm entre 85 e 89 anos, 114 têm entre 90 e 94 anos, 24 têm entre 95 e 99 anos e, por fim, 6 têm 100 anos ou mais.

A maioria da população residente é da religião católica apostólica romana, seguida da evangélica e da espírita, conforme representa o gráfico:

Gráfico 1 – População residente por religião (Unidade: pessoas)

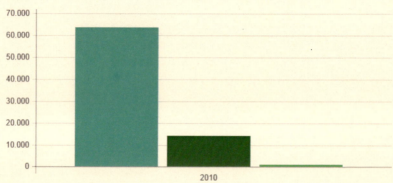

Fonte: IBGE (2017)

Patrocínio possui um estabelecimento de saúde estadual, 16 municipais e 20 privados. A taxa de mortalidade infantil caiu consideravelmente de 2008 a 2014, passando de 17,43% para 9,82%. Possui 87,4% do esgotamento sanitário adequado, que é o terceiro melhor da microrregião. As vias públicas são bem arborizadas e atingem a porcentagem de 79%. Além disso, 36,6% das vias públicas são urbanizadas. Ainda de acordo com a revista Exame, a cidade de Patrocínio está entre as 100 cidades brasileiras com melhor infraestrutura.

A cidade conta com 22 escolas de nível pré-escolar, 38 de nível fundamental e 17 de nível médio. O índice de desenvolvimento da educação básica dos anos finais, entre 2007 e 2013, cresceu bastante, visto que passou de 4,3%, em 2007, para 5,4%, em 2013, ultrapassando a meta municipal no último período analisado, bem como a meta do estado e a meta do Brasil, representadas, respectivamente pelos números 4,8% e 4,6% e 4,9%.

Além disso, 97,9% da população entre 6 e 14 anos de idade estão na escola na cidade de Patrocínio. De acordo com o gráfico do IBGE, o número de matrículas também cresceu nos últimos anos, em todos os níveis de ensino, aqui representas na ordem ensino pré-escolar, ensino fundamental, ensino médio e ensino superior.

Gráfico 2 – Matrículas

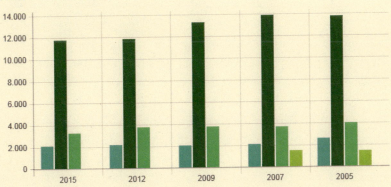

Fonte: IBGE (2017)

No que se refere às matrículas, primeiramente no ensino pré-escolar, do total de 2.107, 1.737 estão matriculados em escolas públicas municipais e 370 dos alunos estão em escolas privadas. Quanto aos 11.728 alunos matriculados no ensino fundamental, 3.748 estão em uma escola pública municipal, 6.697 em uma escola pública estadual e 1.283 estão na rede privada de ensino. No ensino médio, do total de 3.236 matrículas, 2.629 são de escolas estaduais de ensino, 173 da escola pública federal — Instituto Federal do Triângulo Mineiro, *Campus* Patrocínio — e, por fim, 434 na rede particular.

Do total dos 127 docentes do ensino pré-escolar, 101 lecionam em escolas públicas municipais e 26 nas escolas privadas. No ensino fundamental, dos 712 docentes, 192 ministram aulas nas escolas públicas municipais, 406 nas escolas públicas estaduais e 114 na rede privada. Dos docentes do ensino médio, do total de 315, 217 são professores da rede pública estadual, 32 da escola pública federal e 66 estão na rede privada (IBGE, 2017).

Quanto ao total das 22 instituições de ensino pré-escolar da cidade de Patrocínio, 14 escolas são da rede pública municipal, além de oito da rede privada. Das 38 escolas que oferecem ensino fundamental, 12 são da rede pública municipal, 19 da rede pública estadual e sete da rede privada de ensino. Quanto ao ensino médio, ofertado em 17 escolas, 12 são escolas públicas estaduais e quatro privadas.

Após esse breve levantamento de dados referentes à cidade, julgamos adequado explorar os aspectos históricos da consolidação do sistema educacional do município. Para isso, tomaremos como via de análise a história da criação das escolas da cidade e as especificidades e demandas que levaram à expansão.

Segundo Almeida (2008), a primeira escola de Patrocínio foi fundada somente em 1912, na gestão do governo de Delfim Moreira. A princípio o prédio cedido para o funcionamento da escola precisou ser reformado e as crianças passaram a frequentar as aulas nas casas dos professores. O Grupo Escolar Honorato Borges passou a funcionar na antiga residência oficial do coronel Marciano Hilário Ferreira Pires, nomeado em homenagem ao coronel Honorato Martins Borges, uma figura política importante no processo de fundação da escola. Por muito tempo, o Grupo Escolar Honorato Borges era a única escola da cidade, atendendo majoritariamente a população que residia no centro e que possuía melhores condições sociais. Porém, conforme crescia a cidade, também aumentava a demanda por intuições de ensino inclusivas e acessíveis para toda a população.

Assim, o ginásio Dom Lustosa, segunda escola inaugurada na cidade, só abriu suas matrículas no dia 15 de fevereiro de 1927, mais de uma década após a criação do Grupo Escolar Honorato Borges. Após a visita de Antônio de Almeida Lustosa, no ano de 1925, que tinha como finalidade organizar uma comissão para a criação de um centro de ensino católico na cidade e buscar uma congregação religiosa que aceitasse dirigi-lo, ficou acordado a concessão de um prédio por parte da Congregação dos Sagrados Corações, que pertencia ao coronel Marciano Hilário Ferreira Pires.

DIVERSIDADE, SEXUALIDADE E EDUCAÇÃO: VIVÊNCIAS EM PATROCÍNIO (MG)

Porém, visto que o colégio Dom Lustosa era coordenado e tinha no seu corpo de funcionários apenas padres, logo se viu a necessidade da criação de uma escola exclusiva para a educação das meninas, como era de praxe na época. Dessa forma, um grupo de irmãs da Congregação do Sagrado Coração de Maria chegou a Patrocínio em 1928, com o intuito de fundar um estabelecimento de ensino voltado somente para a educação das meninas da cidade. O colégio, fundado em 11 de outubro de 1928, sob a direção das Freiras do Sagrado Coração de Maria, passou então a ser administrado pela Madre Superiora Blandina, superiora-geral do Sagrado Coração de Maria de Berlaar, na Bélgica (ALMEIDA, 2008).

As alunas do colégio, que recebeu o nome de Colégio Normal Nossa Senhora do Patrocínio, dispunham de aulas especiais de violino, grafia, pintura, piano e bandolins, que poderiam cursar conforme autorizado pelos pais. O colégio funcionava no prédio, próximo à capela Nossa Senhora do Patrocínio, após concessão da prefeitura e atendia suas alunas em regime de internato e externato, contando somente com curso primário e de adaptação (ALMEIDA, 2008).

A cidade continuou a crescer e as escolas existentes já não mais atendiam as demandas da população. Assim, em 1947, foi criada a Escola Estadual João Tavares Correia Beraldo, grupo escolar destinado à educação infantil.

Com passar dos anos, outras escolas são criadas na cidade. A chegada de trabalhadores que buscavam melhores oportunidades na cidade de Patrocínio continuava crescendo proporcionalmente ao número de fazendas de café. Esses trabalhadores, em sua maioria pauperizados, se mudaram para Patrocínio para trabalhar nas lavouras de café, ocupando as mais diversas funções e passam a ocupar os bairros periféricos da cidade, afastando-se do centro e consequentemente das escolas do centro. Essa população imigrante adquiriu lotes e construiu casas em um loteamento afastado da cidade, que só podia ser acessado quando se atravessava a rodovia. Outros tantos colégios surgiram na cidade e, além dos colégios já citados, surgem ao longo dos anos a Escola Municipal Casimiro de Abreu, a Escola

Municipal Dona Mulata, a Escola Municipal João Batista Romão, a Escola Municipal Joaquim Martins, a Escola Municipal Francisco Alves Pereira, a Escola Municipal Mário Antônio Ribeiro, a Escola Municipal Padre Mathias, a Escola Municipal Frederico Ozanã, a Escola Municipal Professor Afrânio Amaral e, por fim, o Colégio Municipal Professor Olímpio dos Santos, aqui apresentados conforme data de criação, todos localizados no centro da cidade.

Em 1994 inaugurou-se o Centro de Atenção Integral à Criança, o CAIC, conforme estabelecido pelo ministro da Educação professor Murílo de Avelar Hingel, sob direção da professora Maria Helena Rezende Malagoli. O CAIC, nomeado como Escola Municipal Maria Isabel Queiroz Alves, iniciou seus trabalhos tendo como foco a educação de crianças, jovens e adolescentes de bairros da periferia e passou a oferecer aulas para turmas do ensino fundamental. Esse centro educacional passou a desenvolver ações voltadas para programas que buscavam, na medida do possível, amenizar o desequilíbrio social dos moradores do bairro Serra Negra em relação aos demais bairros de Patrocínio, visto que esse era o mais pobre e de mais difícil acesso na cidade.

Dessa forma, logo no início de suas atividades, oferecia diversos programas: de Educação, como aula de corte e costura para pais e alunos; o Programa Arte, que contava com aulas de bordado, crochê, tecido e pintura; o Programa Creche Renascer, que visava dar atenção em tempo integral para crianças com idade entre quatro meses e seis anos; o Programa Esporte, com aulas de vôlei, skate e handebol, nas modalidades masculino e feminino. Além disso, também oferecia atendimento de fisioterapia em gestantes e idosos, além de ceder o espaço para o Encontro dos Jovens da Terceira Idade.

Porém, os alunos do ensino fundamental desses bairros periféricos ainda estavam prejudicados pelo problema do afastamento, da periferização e da dificuldade de acesso às escolas centrais. Assim, a Escola Estadual Professora Irma Carvalho de Oliveira iniciou suas atividades no ano de 1992 e foi a segunda escola localizada no bairro Serra Negra, que crescia vertiginosamente e precisava de uma escola independente que amenizassem os problemas. Mas a escola, que contava somente com os anos iniciais do ensino fundamental, não era capaz de atender às demandas e a população continuava lutando por melhor acesso à educação.

Havia uma grande demanda de que uma nova escola pública fosse construída nos arredores dos bairros de Serra Negra, Nações e Jardim Europa para atender a população de crianças em idade escolar, que representavam boa parte da população desses bairros. Assim, foi construída a escola em que essa pesquisa se realiza com intuito de atender alunos do ensino fundamental e médio e que encontravam a dificuldade de atravessar a Rodovia Estadual MG 230 e a ferrovia Goiás-Espírito-Santo e fazer um longo percurso para as escolas centrais.

A escola foi uma conquista representativa para os bairros Serra Negra, Nações e Jardim Europa e teve seu terreno doado pela prefeitura, construída em convênio com a Secretaria de Estado de Educação a partir dos recursos da Quota Estadual do Salário Educação. A escola foi construída muito rápido e em 90 dias a obra estava concluída. De início, já contava com 12 salas de aula, uma biblioteca, um laboratório, uma sala de vídeo e reuniões, uma sala de informática, um refeitório coberto, cantina com depósito para alimentos e produtos de limpeza, além da cozinha e da lavanderia, uma sala de professores, uma sala para diretora, uma para orientação pedagógica, uma para secretaria, seis banheiros, sendo dois para uso dos alunos, dois para uso dos professores e dois para os ajudantes de serviços gerais. A escola é ampla e arejada e capaz de atender mais de 1.400 alunos, além de dispor de muitos cargos, distribuídos entre os vários cargos escolares.

Atualmente, a escola supracitada, escolhida como lócus desta pesquisa[19], conta com as etapas de ensino fundamental, médio e Educação de Jovens e Adultos (EJA). De acordo com o censo de 2016, sua infraestrutura conta com alimentação escolar para todos os alunos, água filtrada, água da rede pública, energia e esgoto também da rede pública, lixo destinado à coleta periódica e também possui acesso à internet banda larga. A escola conta com computadores administrativos e para alunos, TV, DVD e videocassete, antena parabólica,

---

[19] Em reconhecimento a riscos sociais, sejam eles individuais ou coletivos, o nome da escola não será citado assim como não serão apresentados quaisquer elementos que permitam sua identificação, conforme firmado no Parecer Consubstanciado CEP-Uniube n.º 2.542.791.

copiadora, retroprojetor, impressora, aparelho de som, projetor multimídia ou data show, câmera fotográfica e filmadora.

Sua estrutura é composta de 12 salas de aula, sala de professores, laboratório de informática, laboratório de ciências, quadra de esportes descoberta, cozinha, biblioteca, banheiro dentro do prédio e adequado para alunos com deficiência ou com mobilidade reduzida, sala de secretaria, banheiro com chuveiro, refeitório, dispensa, pátio descoberto, área verde e, por fim, lavanderia. Em 2013, de acordo com o último dado do IDEB da escola, a pontuação ultrapassou e muito a média do município, bem como a projeção do IDEB 5.0 e 5.2, respectivamente, sendo 6.8 o nível alcançado pela escola.

Os dados anteriormente apresentados são essenciais não só para entender as características mais gerais da cidade. Temos insistido aqui que o contexto social nos quais estamos inseridos influencia no modo como concebemos o mundo. Assim, nesse capítulo de apresentação do lócus da pesquisa, foi possível ter um parâmetro de como é composta a população da cidade de Patrocínio e algumas especificidades da região onde nosso objeto de análise se localiza. Foi possível perceber que a cidade é pouco industrializada e ainda muito dependente do setor agropecuário e, ainda que apresente bons níveis de desenvolvimento humano, boa parte da população sobrevive com menos de dois salários mensais. Esse é o caso da maior parte da população da região onde a pesquisa foi desenvolvida, especialmente por ser uma região de periferia. Nesse sentido, o próximo capítulo será dedicado à análise dos dados socioeconômicos obtidos com os questionários, buscando encontrar os aspectos de classe, gênero e religião que compõe o ambiente escolar.

Conhecendo os sujeitos investigados

Ao elaborar um questionário, é preciso que as perguntas estejam adequadas ao nível social e escolar dos pesquisados de modo que seja possível a eles compreendê-las. Para isso, é necessário que as questões sejam construídas de forma precisa, coerente, simples

DIVERSIDADE, SEXUALIDADE E EDUCAÇÃO: VIVÊNCIAS EM PATROCÍNIO (MG)

e clara, e que conduza a respostas objetivas, rápidas e sucintas. Por fim, é preciso prezar pela articulação das perguntas para não induzir ou levar a omissão de respostas (TOZONI-REIS, 2009).

Seguindo o que é proposto por Tozoni-Reis (2009), aplicamos os questionários como método de investigação de campo — dando sequência ao procedimento de coleta de dados, iniciado na observação participativa — e optamos por fazer o levantamento de sete aspectos principais: o tipo de escola em que o sujeito cursou por mais tempo o ensino fundamental, a idade, o sexo biológico e o gênero, a classe social, as crenças religiosas e as atividades praticadas nas horas livres. Devido ao fato de que essas questões são gerais e necessárias para conhecer melhor o campo de pesquisa, essas foram aplicadas tanto para alunos quanto para professores, pais ou responsáveis, diretores e comunidade escolar.

Nossa coleta dos dados partiu do "micro", ou seja, dos alunos da instituição e profissionais da educação, para o "macro" — a família e a comunidade dos arredores da escola. Essa opção se dá não só porque acreditamos que as opiniões estão permeadas pelas características do meio em que o indivíduo se encontra, mas para investigar as especificidades das opiniões dos participantes quanto às questões de gênero.

Como se trata de um recorte em que os participantes são escolhidos a partir de critérios de inclusão, vale atentar para o fato de que os dados aqui obtidos são uma amostragem do contexto geral que é considerado na análise. Nessa amostragem, optamos por dividir os participantes em quatro grupos: alunos, professores, familiares dos discentes, funcionários e gestão escolar. Essa modificação foi justificada na primeira seção do presente capítulo, mas cabe retomar a disponibilidade dos envolvidos ao longo das visitas de sondagem e observação participante e a oportunidade de ampliar nossos horizontes de investigação como razão para as alterações.

Trataremos inicialmente do grupo referente aos alunos. Trinta estudantes foram convidados aleatoriamente e, no entanto, apenas 19 responderam ao questionário, sendo 12 deles menores de idade portando autorização dos pais e outros sete maiores de idade que compareceram com o TCLE de acordo com as normas estabelecidas. No que se refere à escolarização, 18 dos participantes nesse grupo cursaram o ensino fundamental por mais tempo em escola pública e um deixou a questão em branco. Quanto à faixa etária, o entrevistado mais novo tem 17 anos e o mais velho 19, sendo que a faixa etária média desse grupo é de 17,5 anos, considerando que um dos participantes não preencheu o campo referente a idade.

Sobre o sexo biológico, sete dos participantes se identificaram como do sexo masculino e 12 como do sexo feminino. Quanto ao gênero, a resposta "heterossexual" aparece em três dos questionários, fato que acreditamos ser um sinal de desconhecimento da temática e das especificidades dos debates sobre gênero e diversidade sexual. Fora esses casos específicos, em nenhum deles a resposta não corresponde ao sexo biológico. No entanto, dois dos participantes não identificaram seu sexo biológico na questão correspondente. Quanto à classe social, a resposta "classe média-baixa" foi marcada 10 vezes, "classe média" oito vezes e "classe baixa" uma vez. No que se refere à orientação religiosa, 10 dos participantes se identificaram como católicos, sete como evangélicos e dois como ateu ou agnóstico. Vale a pena ressaltar que este último item foi marcado somente entre os estudantes e não aparece em nenhum dos outros grupos analisados. Quanto às atividades praticadas nas horas livres, a resposta mais recorrente foi o item referente a "navegar na internet em geral", seguida por "utilizar redes sociais", que aparecem, respectivamente, 14 e nove vezes. A opção assistir à televisão" foi marcada sete vezes, bem como o item "ouvir/fazer música". Tanto "praticar esportes/ atividades físicas" quanto "reunir com amigos, ir a restaurantes e bares" foram marcados três vezes. O item referente a "ler livros" foi escolhido somente por dois estudantes; as atividades manuais e os encontros e cultos promovidos por grupos religiosos aparecem uma vez cada. Dois estudantes assinalaram a resposta "outros" que foi especificada como "ver série, filme, dormir e ficar atoa" em um dos casos e "mangá livre, limpar a casa, desenhar, estudar e construir

DIVERSIDADE, SEXUALIDADE E EDUCAÇÃO: VIVÊNCIAS EM PATROCÍNIO (MG)

desenho em quadrinho" aparece no outro caso. Atentamos aqui para o fato de que há predominância de participantes do sexo feminino e não há qualquer indicação de sujeitos que têm sua identificação de gênero diferente do sexo biológico.

Quanto aos professores, foram selecionados 10 investigados. Todos foram escolhidos aleatoriamente e devolveram os questionários, porém alguns marcaram apenas algumas respostas e omitiram alguns dos itens. No que se refere à escolarização, nove dos 10 participantes cursaram a maior parte do ensino fundamental em escola pública e um em escola privada. A faixa etária varia entre 25 e 50 anos, porém três dos participantes não preencheram o campo correspondente à idade. Considerando esse fato, a faixa etária média entre os professores é de aproximadamente 39 anos. Nove dos professores identificaram seu sexo biológico como feminino e um como masculino, e há correspondência em quase todos quanto ao gênero, exceto em um dos casos em que o entrevistado se identifica como "homossexual". A esse aspecto, assim como ocorrido no caso anterior, acreditamos caber melhor investigação quanto ao conhecimento sobre as questões de gênero.

A maioria dos professores se classificou como de classe média-baixa, sendo que a resposta foi assinalada por nove participantes e somente um se classificou como de classe média. Quanto às crenças religiosas, seis se identificaram como católicos e quatro marcaram a opção "outros", especificadas como "espiritualista cristã", "acredito em Deus" e "espiritualista" em três deles e, por último, um que não foi especificado. Por fim, quanto as atividades desenvolvidas nas horas vagas, seis dos participantes declararam ler livros, cinco reunir com amigos, quatro navegar na internet em geral, três assistir à televisão, dois praticar esportes e atividades físicas e os itens "ler jornais e revistas em geral", "passear em shoppings ou centro de compras" e "outros" apareceram uma vez cada, sendo que este último item foi especificado como "ficar com a família".

No caso da gestão e funcionários, foram selecionados 10 participantes aleatoriamente e todos devolveram questionário em tempo.

Entre eles estão a diretora e as duas vice-diretoras, três supervisores pedagógicos, a secretária e auxiliares de secretaria. De acordo com os questionários aplicados, todos os participantes cursaram a maior parte do ensino fundamental em escola pública. Os participantes têm entre 29 e 54 anos, sendo que a média da faixa etária é de aproximadamente 40 anos de idade. Desses, seis identificaram seu sexo biológico como feminino e quatro como masculino, sendo que todos identificaram seu gênero de acordo com sexo biológico. Por se tratar de uma questão aberta, acreditamos que vale a pena atentar para o fato de que em um dos questionários o entrevistado, como também ocorreu nos grupos anteriormente mencionados, identificou seu gênero como "hétero".

Quanto à classe social, seis dos participantes marcaram o item correspondente à classe média e os quatro demais assinalaram a resposta correspondente a classe média-baixa. No que se refere à crença religiosa, quatro assinalaram o item referente a identificação como católico, três se identificaram como evangélicos, um como protestante e outros dois como espíritas kardecistas. As demais orientações religiosas não apareceram nos resultados deste questionário. Por fim, no que diz respeito às atividades que são mais praticadas pelos participantes nas horas livres, a resposta mais recorrente foi "navegar na internet em geral", que apareceu em nove dos 10 questionários aplicados. A segunda resposta mais recorrente refere-se ao item "assistir televisão", que foi assinalado em cinco questionários. Três dos participantes assinalaram a opção "ler livros" e os itens "utilizar redes sociais" e "praticar esportes/atividades físicas" foram assinalados duas vezes cada. Por fim, os itens "ler jornais e revistas em geral", "ouvir/fazer música" e "assistir a espetáculos (música, teatro e dança)" tiveram uma incidência cada.

Vale a pena ressaltar a maior diversidade, se comparado aos primeiros grupos, no que se refere às crenças religiosas e às atividades praticadas nas horas livres. Além disso, algumas das opções assinaladas no item sete pressupõem que esse recorte de análise da amostra possui mais interesses por programas diversos e que não aparecem nos demais como, por exemplo, a leitura de jornais e revistas

DIVERSIDADE, SEXUALIDADE E EDUCAÇÃO: VIVÊNCIAS EM PATROCÍNIO (MG)

e o acesso a atividades culturais. Também há diferenças no que se refere à classe, o que nos leva a sugerir a influência socioeconômica na aquisição do conhecimento e na valoração que cada um atribui à cultura em geral.

A presença em um dos questionários da resposta "hétero" ao item quatro pode servir como direcionamento para investigação de qual é a percepção dos funcionários da escola sobre as questões de gênero e qual o acesso que tiveram ao longo de sua formação acadêmica e profissional às discussões pautadas na multiplicidade de identidades de gênero. Outro aspecto que julgamos ser necessário considerar no momento da aplicação do instrumento dois é a variação da faixa etária entre os profissionais da gestão. Acreditamos ser necessário investigar se esse aspecto interfere no modo como os sujeitos concebem as questões de gênero. Por fim, mas também de suma importância, acreditamos ser essencial investigar se o acesso a livros jornais revistas a informação geral, bem como à cultura, exerce alguma influência na percepção sobre a diversidade sexual.

No que diz respeito aos pais e responsáveis, 10 foram convidados a responder o questionário. No entanto, apenas cinco o devolveram preenchido. Quanto aos motivos que levaram a esse número reduzido, cogitamos algumas possibilidades apresentadas aqui não como conclusão, mas, sim, como direcionadores para a próxima etapa. Sugerimos que entre os motivos que impediram que todos entregassem os questionários preenchidos estão a negação devido a convicções religiosas, a falta de tempo para responder às questões ou até mesmo a falta de interesse dos próprios e ou de seus filhos e, ainda que esse não seja o objetivo da pesquisa, reafirmamos que somente uma investigação cuidadosa será capaz de confirmar essas especulações. Os participantes também foram selecionados aleatoriamente conforme orientação do projeto. Todos os cinco investigados deste grupo da amostra cursaram o maior tempo do ensino fundamental na escola pública. A faixa etária varia entre 24 anos para a idade mínima e 50 anos a idade máxima, sendo que a média da idade deste grupo é de aproximadamente 38 anos.

Todos cinco pesquisados que devolveram questionário identificaram o seu sexo biológico como feminino, resposta que também aparecem no item quatro em todos os casos. No que se refere à classe social, quatro participantes assinalaram o item correspondente a classe média-baixa e um o item referente à classe baixa. Outro aspecto que julgamos necessário destacar é o fato de que os pais e responsáveis que se identificaram com sexo biológico feminino são unânimes. No que se refere as crenças religiosas, quatro marcaram o item correspondente a católico e um se identificou como evangélico.

Sobre as atividades que são mais praticadas pelos participantes nas horas livres, a resposta referente a "navegar na internet em geral" foi marcada por três pessoas e a referente ao hábito de ler livros aparece duas vezes. Os itens "assistir à televisão", "utilizar redes sociais", "praticar esportes/atividades físicas", "praticar atividades manuais", "assistir a espetáculos", "reunir com amigos, ir a restaurantes e bares", "frequentar cultos ou encontros promovidos por grupo religioso" e "outros" aparecem uma vez cada nas respostas dos participantes. O questionário em que o item "outros" foi marcado não discrimina qual a atividade referente. Em todos os casos nos grupos de participantes há também uma certa homogeneidade quanto a classe social, que é predominantemente de classe média-baixa.

Acreditamos que os dados obtidos com a aplicação do questionário nos auxiliam no sentido de compreender melhor o contexto socioeconômico e cultural dos sujeitos participantes, bem como o modo como esses se identificam no mundo. Ainda que nem todos os convidados tenham se interessado em responder o questionário, o número daqueles que se disponibilizaram foi relativamente grande. Nesse sentido, consideramos nossa amostra eficiente, não só para análise do lócus da pesquisa, mas como aporte metodológico para o segundo instrumento da pesquisa. Por fim, identificadas essas características, acreditamos também que a sistematização desses dados é útil para nosso propósito de pesquisa e caminha para o respeito à autoidentificação dos sujeitos investigados.

3

GÊNERO E DIVERSIDADE SEXUAL NO COTIDIANO ESCOLAR

No presente capítulo pretendemos mostrar como se relacionam, no cotidiano escolar, as diretrizes educacionais para o trabalho com o tema em discussão e as concepções circulantes na comunidade sobre gênero e diversidade sexual. Para isso, partimos dos dados obtidos mediante os questionários, em que somente três dos 44 participantes afirmaram não existir diversidade sexual na escola. Além disso, 20 entrevistados afirmaram nunca ter presenciado situações de violência de gênero no ambiente escolar e outros quatro afirmaram que não sabem dizer ao certo se presenciaram algum tipo de preconceito. Por fim, do total de 44 participantes, 16 afirmaram nunca ter presenciado situações de machismo, outros dois não souberam dizer e os 26 restantes afirmaram já ter presenciado situações de discriminação por gênero.

Além disso, tomamos como referência a ata padrão do Conselho de Classe utilizada na escola. Esse documento consiste em uma série de aspectos da aprendizagem e do comportamento dos estudantes que devem receber uma nota de cada professor. Não há qualquer menção a preconceitos e discriminação de qualquer espécie, seja de gênero, etnia, sexualidade, religião, entre outros. A ausência da temática no documento Conselho de Classe nos despertou curiosidade e, nesse sentido, colaborou para a elaboração das questões do instrumento um.

O capítulo se inicia com uma discussão sobre Projeto Político Pedagógico (PPP) da escola, passando, em seguida, aos diferentes entendimentos que os vários grupos constitutivos da comunidade escolar elaboram acerca da abordagem de questões de gênero e diversidade sexual na educação básica.

Gênero e diversidade sexual no ppp da escola

É de amplo conhecimento e de livre expressão, desde longa data, o fato de o Brasil ser conhecido por sua riqueza na diversidade, seja ela cultural, étnico-racial e, mais atualmente, na diversidade de gênero. No entanto, a exclusão social ainda é uma realidade no cotidiano de milhares de brasileiros, discriminados por sua cor, gênero, sexualidade e/ou classe social, privando certos grupos da vivência completa de cidadãos (BRASIL, 1997, p. 13).

Na década de 1990, o volume intitulado Pluralidade Cultural (PCN) apresentou um grande avanço. Embora nesse documento não se estabeleça, ainda, discussão plena sobre as questões de gênero, ele oferece informações que vêm contribuindo para superar a infinidade de formas de discriminação e segregação, criando novas formas de pensar que caminham para o respeito à diversidade (BRASIL, 1997, p. 12).

Ainda hoje, a escola se pauta nos PCN para promover discussões sobre a diversidade. Sabe-se, no entanto, que a diversidade sexual e de gênero ainda permanece nos bastidores, e há muito os profissionais da educação notaram a dificuldade de estabelecer uma discussão que respeite as questões de gênero e que conte com pleno apoio dos estudantes, dos profissionais e da família, em suma, daqueles que compõem a comunidade escolar. Há que se promover junto a toda equipe efetivo diálogo com vistas à construção de uma consciência sobre seu fazer pedagógico e a necessidade de aproximação da realidade da comunidade.

No que tange à diversidade presente na escola, o documento *Educar na Diversidade*, publicado pelo Ministério da Educação e Cultura (MEC), em 2006, aponta para a necessidade de outra visão de educação, apoiada em uma proposta realmente democrática e que caminhe para o entendimento da diversidade "como elemento catalizador do desenvolvimento pessoal e social" (DUK, 2006, p. 60). É um material direcionado para a formação docente, com ênfase em um trabalho dinâmico, contextual e lúdico, realizado com propostas de oficinas. Esse documento apresenta o resultado das reflexões do Projeto Educar na Diversidade nos Países do MERCOSUL, financiado pela Organização dos Estados Americanos (OEA) e desenvolvido entre 2000 e 2003 no Brasil, Chile, Paraguai, Uruguai e Argentina. O projeto teve como objetivo melhorar o acesso e permanência de estudantes de diferentes classes sociais e com diferentes demandas educativas, que incluem desde necessidades educativas especiais até o respeito à questão étnico racial. No caso das questões de gênero, o projeto ressaltava não a diferença quanto ao acesso, mas a necessidade de repensar a questão da permanência, visto que muitos alunos veem na escola um ambiente hostil para a livre expressão da sua sexualidade e para a apreensão de conhecimentos relativos àqueles que estão fora do padrão heteronormativo.

Nesse sentido, o documento do MEC aponta para a construção de novas propostas dentro das escolas, considerando as mudanças pelas quais o mundo vem passando e a importância da escola na formação de pessoas com capacidade de mudar as estruturas, promovendo movimentos e discussões consistentes e com bases estruturais importantes para a sua efetivação.

Assim, dá-se a importância de a escola escolher a sua filosofia, o sentido que dará ao seu trabalho, para que ela não seja consumida pela filosofia imposta pela sociedade que, muitas vezes, priva o grupo de realizar mudanças significativas no trabalho proposto — e é nesse sentido que se dá a importância de analisar o PPP da escola antes da aplicação das entrevistas, questionários e das vivências de campo (LUCKESI, 1994). É preciso considerar que os aspectos geográficos, históricos e sociais são determinantes para a compreensão da realidade e no modo de agir. Essas visões de mundo são "senso comum", ou seja, visões fragmentadas da realidade e que atuam para justificar desigualdades. Esse diagnóstico é importante para essa pesquisa, pois nos oferece a possibilidade de pensar as especificidades do nosso campo de pesquisa. Ao analisar o PPP da referida escola, foi possível identificar uma construção que busca a identidade para seu grupo. Inicialmente, aponta-se para o caráter "vivo" do documento, em constante transformação, tendo em vista a realidade da escola e da comunidade. A última revisão e reestruturação do PPP da escola em questão foi feita no início do ano letivo de 2018 e parte de princípios de igualdade, inclusão, diversidade e liberdade de expressão. A primeira parte do documento é composta pela identificação da escola, suas leis e histórico, a descrição dos alunos, do corpo docente e administrativo, os pontos fortes e melhorias possíveis, além da estrutura física e os processos de aprendizagem. Nesse sentido, apresentam-se como princípios da escola:

> A inserção do indivíduo no mundo do trabalho, no qual são construídas as bases materiais de uma existência digna e autônoma.
>
> A inserção do indivíduo no mundo das relações sociais regidas pelo princípio da igualdade. A inserção do indivíduo no mundo das relações simbólicas (ciência, arte, religião), na produção do seu conhecimento podendo usufruí-lo, adquirindo habilidades e competências para solucionar os eventuais problemas de sua vida.
>
> Trabalhar a humanização do ser, para que ele possa estabelecer relações e vínculos positivos na vida. (PPP, 2018, p. 9)

Além disso, propõe contribuir "que as relações sejam de dignidade, igualdade, de inserção social, estimulando o aprendizado do diálogo, do construir com, trabalhar com, do entender-se com. Atenta ao processo de desenvolvimento físico, afetivo e emocional de cada um" (PPP, 2018, p. 9)

Por meio da humanização do ser, o PPP da escola propõe a inserção dos sujeitos no mundo do trabalho — sob bases autônomas e dignas —, nas relações sociais regidas pela igualdade e também no mundo das relações simbólicas, partindo do respeito a todas as opiniões sobre arte, cultura, religião e ciência, preparando o aluno para se formar um cidadão crítico e ciente da própria realidade. A missão da escola é "assegurar um ensino de qualidade, garantindo o acesso e

DIVERSIDADE, SEXUALIDADE E EDUCAÇÃO: VIVÊNCIAS EM PATROCÍNIO (MG)

a permanência do aluno na escola, formando cidadãos conscientes, críticos e capazes de transformar a realidade" (PPP, 2018, p. 11).

Dessa forma, o documento firma o compromisso de que a escola pretende contribuir para que as relações sejam de dignidade, de igualdade, de inserção social, estimulando o diálogo, a construção, o trabalho e o entendimento coletivos, propondo um processo de desenvolvimento físico, afetivo e emocional saudável. Nesse sentido, os objetivos prescritos no referido documento propõem o desenvolvimento da cidadania plena e a consolidação da igualdade e oportunidades para todos, respeitando a diversidade com condições adequadas e necessárias para o trabalho dos docentes e demais funcionários.

É importante ressaltar que as propostas contidas em documentos dessa natureza, muitas vezes, podem esbarrar na conduta e na maneira de pensar de diversas pessoas que dividem o mesmo espaço de trabalho, o que pode dificultar que se chegue a um termo positivo sem que se esbarre em preconceito e discriminação, por parte de algumas pessoas inseridas nesse espaço. Esses embates podem partir desde alunos e professores, até a família, trazendo à tona pautas que vão contra certos ideais de viés político, cultural ou religioso. Isso pode ser observado em temas que tratam sobre gênero e sexualidade, mas também em conteúdos sobre diversidade religiosa, especialmente se ligados a religiosidades de matriz afro-brasileira. Por mais que a diversidade de gênero e religiosa esteja garantida nas orientações do MEC, especialmente no material de formação docente *Educar na Diversidade*, é importante reforçar a ideia de que muitas vezes o que é proposto pelas instituições nem sempre é o que se vive na prática (LIMA, 2015). Há que se cuidar da formação para que o processo educativo escolar e social cheguem a contento, no que se refere a uma educação na diversidade e para a cidadania.

No entanto, é possível fazer uma leitura dos elementos subjetivos, que não aparecem em uma primeira leitura desse documento, no que tange à essa formação para a diversidade. Muitas vezes, como já alertado, o que é escrito nem sempre pode ser observado empiricamente e, no PPP da escola da pesquisa, as propostas para uma prática democrática, humanizadora, de respeito e dignidade, não explicitam de que forma a diversidade sexual e de gênero será trabalhada e nem de que forma os sujeitos serão acolhidos e atendidos em seu espaço. Vê-se assegurado, em muitos itens, o respeito sem, no entanto, apresentar-se direcionado às várias formas de vivência da sexualidade. Contudo, entre os objetivos específicos da escola descritos no PPP está a realização contínua de pesquisas, palestras e estudos sobre os desafios educacionais contemporâneos, descritos no documento como as questões relacionadas à saúde, orientação sexual e diversidade. Segundo essa orientação, esse ciclo de conhecimento contribuiria para a capacitação do estudante, despertando o interesse por informações e desenvolvendo a autonomia.

Ao longo do documento, não há mais qualquer menção específica sobre a diversidade de gênero e orientação sexual, somente é citado com as relações de classe, raça e idade. Em certo sentido, é possível afirmar que o PPP da escola se trata de um documento quase filosófico, pouco tecnicista ou metodológico, voltado para as questões de natureza pedagógica e de desenvolvimento na escola, com vistas a uma aprendizagem de sucesso. É possível considerá-lo um documento vago no que se refere a um trabalho abertamente voltado para o acolhimento e atendimento das pessoas em sua singularidade de gênero e sexualidade. No entanto, o embasamento teórico do documento contempla subjetivamente a questão da diversidade. Afirma-se a necessidade de valorizar a individualidade dos alunos, de valorizar o conhecimento que cada um traz consigo e de preparar os estudantes para se tornarem cidadãos que lutem contra as desigualdades, tornando-se ativos nas lutas sociais. Além disso, o documento afirma a necessidade de que a escola estimule o estudante a entrar em contato consigo mesmo "sem reprimir suas fragilidades, dúvidas ou descobertas" (PPP, 2018, p. 22).

Há um questionamento do PPP que, no entanto, nos chamou atenção no momento da pesquisa:

> Que escola queremos construir? Que conhecimentos nossos alunos/as precisarão ter para, de fato, exercer a sua cidadania nesta sociedade tão cheia de conflitos? Conflitos estes que estão presentes no espaço escolar, nas relações pessoais, no confronto das ideias e também no surgimento de novas concepções, das dúvidas e da necessidade do diálogo entre os sujeitos. (PPP, 2018, p. 5).

Esse questionamento trata especificamente dos conflitos nas relações pessoais, ou seja, de violência. Ao longo desse trabalho, foi explicitado como as questões ligadas a diversidade de gênero e sexualidade podem ser polêmicas e conflituosas e basta ligar a TV para ver como a violência de gênero está no cotidiano brasileiro. Nesse sentido, ao tratar dos conflitos das relações pessoais, o documento abre espaço para que o grupo da escola se proponha a um trabalho diferenciado, contemplando questões sociais importantes, dentre elas a diversidade sexual e de gênero, presente em todos os espaços da vida. No entanto, a discussão e as propostas ao longo do documento não caminham nessa direção.

O item 7.3 do PPP da escola trata da inclusão, e define "a escola como espaço democrático de inserção social precisa respeitar e cultivar as diferenças, promovendo a aproximação e a convivência livre de preconceitos" (PPP, 2018, p. 30). No entanto, trata apenas da inclusão de pessoas com deficiência e não há qualquer menção sobre as diferenças e preconceitos relacionados à sexualidade. Já no item 7.3.1, que versa sobre a inclusão e diversidade, lê-se que "desconhecer a diversidade pode-se incorrer no erro de tratar as diferenças de forma discriminatória, aumentando ainda mais a desigualdade, que se propaga via a conjugação de relações assimétricas de classe, raça, gênero, idade e orientação sexual" (PPP, 2018, p. 31), apontando ainda, que "a escola pública deve compreender o direito à diversidade e o respeito às diferenças, como um dos eixos norteadores da sua ação das políticas pedagógica" (PPP, 2018, p. 31). Aqui, a questão do gênero aparece, mas limitada à orientação sexual e associada às demais formas discriminatórias. Por se tratar de um ponto específico sobre diversidade e visto à ausência ao longo do documento, esse aspecto do PPP deixou uma lacuna.

É possível notar que teoricamente a diversidade está presente no PPP da escola sem, no entanto, apresentar práticas efetivas e propostas concretas de inclusão da diversidade sexual e de gênero em seu cotidiano. Vale ressaltar que "as reformas educacionais e a resposta à diversidade das necessidades educacionais dos alunos e alunas brasileiros exigem novas aptidões em termos de formação docente" (DUK, 2006, p. 22)

Muitas vezes, a formação do docente para o trabalho dessa natureza não obtém resultados, sendo que se apresenta desvinculado das práticas educacionais cotidianas da escola, que se apresentam apenas como ações de caráter pontual (DUK, 2006). Tanto a formação inicial quanto a formação continuada, construída sob bases fragmentadas, que não alia a produção acadêmica com a prática pedagógica, não contribui em nada para o desenvolvimento do papel do docente e nem para a formação do aluno. Dessa forma, é impossível construir práticas pedagógicas que sejam realmente inclusivas e que tratem de forma adequada a questão da diversidade — é preciso compreender que a docência é muito mais complexa que o mero ensino de conteúdos programáticos e que é preciso preparar o professor para lidar com questões atuais e, por vezes, polêmicas. Dessa forma, é preciso a compreensão ampla de que

> [...] trabalhar com a diversidade humana, comporta uma ampliação de horizontes para o professor e para o aluno, uma abertura para a consciência de que a realidade em que vivem é apenas parte de um mundo complexo, fascinante e desafiador (BRASIL, 1997, p. 19).

Ao longo da análise do PPP da escola, percebemos que ele se delimita no âmbito pedagógico, sem considerar sua função política. Retomando Lima, um Projeto Político Pedagógico que não deixa claro seus posicionamentos políticos é um vazio, pois sua força política é a força de mudanças. O documento torna-se assim um plano de trabalho para a escola e não suporte para fazer de seu espaço educacional um espaço de luta por direitos coletivos, demandas de participação e questões relacionadas às especificidades das vivências coletivas e individuais.

DIVERSIDADE, SEXUALIDADE E EDUCAÇÃO: VIVÊNCIAS EM PATROCÍNIO (MG)

A criança e adolescente surgem no PPP da escola como cidadãos de direitos e deveres, seguindo o proposto nas legislações específicas como, por exemplo, o Estatuto da Criança e do Adolescente (ECA), caracterizando-os como sujeitos merecedores de respeito. A infância e a adolescência são em grande parte vividas no espaço escolar, ainda que o processo de aprendizagem seja amplo e contínuo, em todas as esferas da vida do indivíduo. Assim, o ato de educar é constante e ocorre todo o tempo, de maneira dialética e mútua, e o trabalho social da escola se torna fundamental, visto que

> Na infância, a criança vive o mundo em que se funda sua possibilidade de converter-se num ser capaz de aceitar e respeitar o outro a partir da aceitação e do respeito de si mesma. Na juventude, experimenta-se a validade desse mundo de convivência na aceitação e no respeito pelo outro a partir da aceitação e do respeito por si mesmo. (MATURANA, 2002, p. 29).

Assim, o PPP da escola concebe que a política nas escolas públicas, em relação à diversidade e suas múltiplas dimensões na vida dos sujeitos, garante a todos os grupos sociais, principalmente àqueles que se encontram histórica e socialmente excluídos, o acesso a uma educação de qualidade. Porém, não são apresentadas propostas reais de trabalho nessa perspectiva. Pode-se considerar que não é uma prática recorrente nas escolas, tanto públicas como privadas, um trabalho efetivo que contemple a diversidade sexual e de gênero. É um tema que instiga a curiosidade, mas ainda carregado de preconceitos e tabus. Há que buscar formas de contemplar esses sujeitos para uma inclusão real e necessária em sua dignidade. As instituições de ensino estão em busca de uma autonomia, sem que essa se estabeleça de forma ampla e restrita, uma vez que são regidas por sistemas únicos, o que dificulta a realização de ações diferenciadas contemplando um currículo pré-estabelecido.

A construção de uma escola democrática, que vise à autonomia dos seus alunos e colaboradores tem no PPP seu eixo de sustentação. O universo educativo precisa ver no PPP um aliado para vencer as amarras burocráticas que permeiam a instituição escolar. Uma proposta, quando compreendida e apropriada pelos membros da comunidade escolar, permite à escola alcançar um patamar de transformação estrutural, em que os objetivos a que a instituição se propõe sejam por uma ação pedagógica melhor, que possa levar a decisões adequadas e coerentes, pautadas na autonomia pretendida para seus membros.

Vale ressaltar que a participação e autonomia propostas institucionalmente às escolas na atualidade são reduzidas, centralizadoras, autoritárias e privatistas. Nessa perspectiva, a construção de um PPP na instituição acontece dada a preocupação com o destino das crianças, jovens e adolescentes, da escola e da sociedade, e o anseio por mudanças necessárias (LIMA, 2015).

Ao se construir uma proposta de trabalho é preciso considerar estudos já realizados, lembrando que esses serão suporte para que as novas ideias e propostas se concretizem. As equipes técnica e pedagógica das instituições devem estar preparadas para alterar determinados aspectos segundo as peculiaridades do ambiente escolar, priorizando, adaptando ou acrescentando conteúdos (BRASIL, 1997), considerando o perfil da comunidade atendida pela escola, a idade dos alunos e o seu nível de desenvolvimento. Essa dinâmica de produção coletiva que o Projeto Político Pedagógico propõe é fundamental, enriquecendo a prática pedagógica da escola que valorize a cultura e a diversidade nacional, atentando sempre para a ancestralidade e multiplicidade de etnias que compõe nosso tecido social. Assim, tendo em mente que a escola é um microcosmo da sociedade, é necessário trabalhar para encontrar formas de enaltecer e estimar a singularidade de cada um e também os pontos em comum que compartilham (BRASIL, 1997) com histórias de dignidade e de conquistas que recheiam o Brasil que, sendo diverso, precisa encontrar formas de valorizar singularidades e individualidades.

O neurobiólogo Humberto Maturana (2002, p. 24), questionador do modo como se constrói o conhecimento científico, afirma que "só são sociais as relações que se fundam na aceitação do outro como um legítimo outro na convivência, e que tal aceitação é o que constitui uma conduta de respeito". O autor acredita que o ato cognitivo tem muito mais a ver com aspectos internos e individuais que meramente com relações externas, em que a experiência do sujeito é determinada por elementos externos (MATURANA, 2001). A partir da diferenciação entre *organização* e *estrutura*, em que a primeira se refere à identidade de um sistema e a última aos componentes — e suas relações mútuas — com o todo, em um sistema particular (MOREIRA, 2004). A *organização* e a *estrutura* atuam simultaneamente, mas é preciso ter em mente que a segunda precisa fazer satisfazer as necessidades da primeira e que a *estrutura* pode se modificar sem que haja perda da *organização* — qualquer movimento contrário a isso resultaria apenas na desintegração do sistema. Assim, partiremos aqui do pressuposto de que o indivíduo está sempre em constante movimento e modificação, em um processo — que Maturana chama de organização "autopoiética" — de produção de si mesmos. Pensar esse movimento é importante para esse trabalho por nos permite ver as diversas nuances do tecido escolar e para que seja possível considerar nesse trabalho as eventuais variáveis que o campo de pesquisa pode apresentar.

Em um processo de constante modificação e interdependência, esses sujeitos são portadores de autonomia e têm suas individualidades, mantêm sua identidade, mas que não têm claro como entraram e se é possível sair dessa estrutura. Assim, por meio da autopoiese, modificam fatores internos para compensar perturbações oriundas de fatores externos (MOREIRA, 2004). A analogia usada por Maturana é de que o tecido social funciona como uma célula, na qual a interação entre seus componentes — "moléculas" — produz a própria célula, a modifica, a adapta, parte por parte, e resulta em uma permanente mudança. Em uma espécie de "determinismo estrutural", por mais que o indivíduo seja atingindo por certas perturbações externas, somente ele pode determinar as mudanças perante essas variações. Sendo assim, para nós é importante que cada indivíduo seja capaz de atuar com autonomia perante as adversidades de suas vivências e a que a escola e conhecimento devem atuar de modo a estimular a autonomia e a independência, mas também a autoestima e a autovalorização dos elementos que compõem as especificidades e subjetividades de cada sujeito.

A autonomia da escola só será possível à medida que o grupo que a compõe caminhar no sentido de adquirir uma consciência da força de seu fazer pedagógico e educativo, ou seja, no sentido de superar o senso comum, para tanto, é preciso aliar a prática pedagógica à formação de uma consciência crítica, capazes de contribuir para que os estudantes alcancem novas perspectivas e ultrapassem os lugares comuns da sua formação cidadã (LUCKESI, 1994).

Nesse sentido, o PPP é um instrumento construído democraticamente e que tem como objetivo a transformação social. A escola selecionada como campo de análise e aplicação do proposto nesta pesquisa, tem PPP que data de 2012/2013, documento revisto no início de cada ano, considerando a dinamicidade de uma instituição escolar e as mudanças que se operam, tanto no grupo docente quanto no que se refere à comunidade atendida. Porém, é preciso alertar para o grande caminho a percorrer entre o que é proposto no PPP, um documento técnico e formal, e o fazer educativo. Ainda que o documento seja solicitado por órgãos superiores que orientam parte das políticas propostas, ele é orientado conforme as demandas e especificidades de cada escola. Ainda assim, é preciso considerar que o modo como essas instituições operam por vezes é de caráter autoritário, burocrático, centralizador e pouco democrático. Lima (2015) aponta que muitas vezes a construção desse documento é vertical, devido à dinâmica de atuação das secretarias de educação, que definem prazos, ainda segundo o autor, não são suficientes para dar conta da complexidade da dinâmica escolar. É importante a participação não somente da administração escolar, mas também dos professores, pais e educandos, por meio de representantes de cada segmento na elaboração do PPP, para que esse não se torne somente um documento obsoleto. A contribuição desses diversos atores da comunidade escolar é, portanto, uma via para alcançar a democratização da gestão da educação, pensando em um projeto administrativo capaz de superar a lógica de produção capitalista, em que quantidade é sempre mais relevante que qualidade (LIMA, 2015).

DIVERSIDADE, SEXUALIDADE E EDUCAÇÃO: VIVÊNCIAS EM PATROCÍNIO (MG)

Democratizar o acesso à construção do PPP da escola também atuaria no sentido de diminuir a influência conservadora e de tornar a educação mais livre. O atual sistema, ainda muito autoritário e nitidamente hierarquizado, fragmenta as possibilidades de formação de um cidadão que respeite à diversidade, autônomo e que seja capaz de propor solução para as inúmeras desigualdades sociais (LIMA, 2015). Somente quando a família, o corpo escolar, o bairro, os estudantes, enfim, a comunidade escolar como um todo, atua simultânea e democraticamente, é possível romper com a fragmentação e retomar a coletividade, a criação de uma consciência capaz de superar a autocracia e a opressão capitalista. Esses aspectos, políticos e sociais, precisam ser superados e o PPP deve levar em conta os problemas desse sistema e pensar modos de superá-los, do contrário, não será significativo para a comunidade escolar.

Ao pensar o PPP, Lima busca determinar do que se trata esse plano de ação, traçando conceitos para os termos "projeto", "político" e "pedagógico". Primeiramente, define "projeto" como um plano para alcançar determinado objetivo, ou seja, é um plano de ação que visa superar problemas, sempre baseado nas demandas e especificidades (LIMA, 2015). Esses problemas sempre são econômicos, culturais e sociais, de caráter inerentemente político e ignorar esse aspecto faz do projeto um documento esvaziado de sentido, visto que "todo projeto envolve aspectos *políticos*, *sociais* e *econômicos*, envolvendo questões que nos fundamentam ou que deveriam nos fundamentar para entender e atender determinado problema" (LIMA, 2015, p. 20-21, grifos do autor). Por fim, o documento é pedagógico pois

> Ele se encontra num âmbito pedagógico, que é o da atuação da escola. Mas onde? Especificamente naquilo que diz respeito à educação formal. Então, nesse sentido, o projeto é sempre um plano, que não é ingênuo, nunca é neutro; por isso, ele é um plano político que deve levar em consideração a contextualização em que vivemos. Ele é pedagógico porque é um espaço de atuação de professores, alunos, pais de alunos, diretores, ou seja, da comunidade escolar naquele dado momento, naquele espaço. (LIMA, 2015, p. 21).

Dessa forma, o que a realidade escolar atual exige é que se modifiquem também os objetivos e não somente os modelos, visto que somente quando há mudança nas finalidades é que há uma mudança dos valores e princípios. A participação coletiva é essencial para orientar essas ações, pois somente quando estão representados todos os interesses é possível haver transformação. Lutar por isso é importante para o autor porque ele acredita que a autonomia, essencial para o funcionamento justo de todas as esferas da sociedade, não é algo dado e só pode ser conquistado a partir da construção coletiva. Aqui, é importante atentar para a convergência com a analogia de Maturana, do funcionamento da escola como uma célula, em que seus componentes estão em constante modificação, do todo e de si mesmos.

Acreditamos que o PPP da escola investigada não difere das propostas de outras instituições, uma vez que a diversidade sexual e de gênero necessita de campo fértil para discussões efetivas junto à comunidade escolar. Pesquisas e propostas nesse sentido devem buscar espaço nas escolas, uma vez que nelas se encontram, se reúnem e convivem pessoas com significativa relevância na sociedade e que têm em suas mãos grande potencial de transformação.

Cabe, aqui, a reflexão sobre a escola que desejamos construir com a comunidade que a compõe. Uma escola de aceitação e respeito, em que a diversidade na sua forma mais ampla esteja presente e permita sua vivência com dignidade.

Outros olhares: inclusão, gênero e sexualidade na comunidade escolar

No presente tópico, nos propomos a discutir a perspectiva que os participantes da pesquisa têm da questão de gênero e diversidade sexual a partir das suas próprias percepções.

As questões foram elaboradas com o intuito de investigar o quanto os sujeitos da comunidade escolar estão a par das discussões de gênero e qual é a sua opinião pessoal frente a diversidade de

DIVERSIDADE, SEXUALIDADE E EDUCAÇÃO: VIVÊNCIAS EM PATROCÍNIO (MG)

orientações sexuais e de gênero. A esse aspecto correspondem às questões 15, 17 a 20, e a última questão do questionário. Optamos por considerar inicialmente as respostas dos estudantes, seguidas dos questionários respondidos pelos professores, os da gestão e dos funcionários e, por fim, dos familiares, conforme sequência já adotada na seção 2.3.

A resposta mais recorrente a questão número 15, que questionava se gênero e orientação sexual seriam praticamente sinônimos, foi o item correspondente a resposta "discordo", que apareceu 12 vezes, seguida pela resposta "concordo em partes", com cinco recorrências e, por fim, dois entrevistados assinalaram o item correspondente a resposta "concordo plenamente". Podemos observar que a maioria dos estudantes acredita que existe uma diferença considerável entre o que caracteriza gênero e o que é a orientação sexual, ainda que não seja possível precisar, somente com essa informação, qual a concepção desse grupo sobre cada um dos termos.

No que se refere a orientação sexual, categorizado como escolha e como opção, 16 dos 19 estudantes corroboram com essa categorização, outros dois concordam em partes e apenas um discorda. Esse elemento é importante para nossa pesquisa pois nos permite perceber, inicialmente, que ainda permanece no imaginário dos estudantes a ideia de que o impulso afetivo e sexual tem caráter de escolha.

Nesse sentido, cabe apontar a Cartilha Diversidade Sexual e Cidadania LGBT, que orienta que o correto é utilizar o termo "orientação", pois a manifestação da sexualidade não se trata de uma escolha. Conforme apontado por Vianna (2012), ainda prevalece certa dificuldade em abandonar os estereótipos e padrões relacionados à sexualidade no contexto escolar e a permanência da ideia da orientação afetiva e sexual relacionada à uma opção ou escolha entre os estudantes pode ser considerada um sinal do que o autor defende. Além disso, acreditamos que essa categorização de gênero é um indicador de que a abordagem de gênero à qual os estudantes tiveram acesso reafirma a ideia de um sujeito estático, que não possui força política para romper com os padrões impostos nas relações de poder (PIOVEZAN, 2010).

No item seguinte, no entanto, 16 estudantes declararam que a homoafetividade não pode ser considerada como um problema de saúde o que, se comparado às respostas ao item anterior, abre precedentes para concluir que ainda que a maioria dos sujeitos desse grupo acredite que é possível escolher a sexualidade e o sujeito a quem se direciona sua eroticidade e afetividade, não necessariamente significa que orientações que fujam da normatividade sejam, por eles, condenadas como patologias. Em relação a esse item, por fim, três estudantes concordam em partes com a afirmação de que orientações sexuais diversas fora do padrão heterossexual podem ser consideradas como um problema de saúde.

Há uma convergência quanto às respostas ao item seguinte, visto que 17 estudantes discordam da afirmação de que a homossexualidade possa ser um problema espiritual manifestado pelos sujeitos. Outros dois entrevistados concordam em partes com essa afirmação e nos questionários em que essa resposta aparece, ambos também declararam pertencentes a religiões de orientação evangélica.

No que se refere à possibilidade de que crianças jovens e adolescentes sejam influenciados pela orientação sexual de pessoas homossexuais ao longo da convivência, 12 estudantes discordam dessa afirmação e os sete demais concordam em partes.

Por fim, a última questão visava investigar quais eram as duas primeiras palavras que os entrevistados se recordavam ao ler as expressões "gênero" e "orientação sexual". Quanto ao primeiro item, não por acaso, as respostas masculino e feminino foram as mais recorrentes e apareceram nessa ordem em seis questionários. Outros cinco estudantes preencheram o item com as respostas "feminino" e "masculino", nessa ordem. As respostas homem e mulher aparecem nessa ordem em três questionários. Os demais apresentaram respostas distintas: "escolha", "opinião", "o sexo que você nasce/masculino", "nascimento", "órgão sexual" — que possui duas recorrências — e uma resposta em branco.

É possível perceber que ainda é presente no imaginário desses estudantes a ideia do gênero associado a pares binários — ou mascu-

DIVERSIDADE, SEXUALIDADE E EDUCAÇÃO: VIVÊNCIAS EM PATROCÍNIO (MG)

lino/feminino, ou homem/mulher —, confirmando o entendimento de autores como Scott (1995), Louro (2008), Butler (2008) e Connel (2016). Essas autoras afirmam que a divisão desses pares binários de gênero permaneceu por séculos e que, ainda hoje, há imensa dificuldade par rompê-los. Mais do que isso, criaram padrões e práticas culturais e sociais (LOURO, 2008) que permeiam diversas esferas da sociedade (CONNEL, 2016) que impedem a valorização da diferença e da diversidade (LINS; MACHADO; ESCOURA, 2016). Acreditamos que a presença de papeis sociais de "masculino" e "feminino" ainda hoje presentes no contexto escolar, como é possível perceber nas respostas dos estudantes, são um sinal da necessidade de reafirmação constante desses padrões. De acordo com Butler (2008), os papeis de gênero precisam ser constantemente afirmados e reafirmados e, mais que isso, materializados nos corpos dos indivíduos. Há uma distância considerável entre as respostas dos participantes e as ideias da autora, que defende o gênero como performativo, influenciado por padrões de comportamento, sociais e culturais, e submetidos às instituições hegemônicas.

Também nos chamou atenção o fato de que "masculino" e "homem" aparecem em primeiro lugar em nove das respostas e somente em cinco a palavra "feminino" aparece primeiro. Além disso, foi possível observar também que quatro estudantes associaram gênero ao sexo biológico, visto que as respostas "nascimento/ órgão sexual" e o "sexo que você nasce", "escolha" e "opinião" podem ser observadas em quatro questionários. Podemos considerar isso um indicativo de falta de contato com a temática ao longo da vida escolar, o que será discutido na seção 3.3.

Antes de partir para as impressões dos estudantes sobre orientação sexual, julgamos propício alertar para a convergência dos dados obtidos com a ideia apontada por Tonelli (2012) de que os papéis sociais exercidos pelo sujeito associados ao sexo biológico e não classificados como produção social e cultural fazem parte do senso comum. Além disso, podemos observar que ainda não há grande ruptura com a visão binária predominante até o final dos anos 1980 e que, pelo menos com as informações obtidas até aqui, parece ainda muito distante a ideia da existência de uma multiplicidade de identidades de gênero no imaginário dos sujeitos do campo investigado. Mais distante ainda da realidade desses estudantes parece estar a defesa de Butler (2008) que mesmo o sexo biológico tem construção social, tendo o gênero caráter performativo.

Partiremos agora para análise das respostas dos professores. Dos 10 entrevistados, seis declararam não concordar que gênero e orientação sexual são praticamente a mesma coisa, enquanto três concordam em partes e um não preencheu qualquer resposta. Em relação aos estudantes, esse grupo aparentemente possui maior esclarecimento sobre as questões de diversidade sexual e gênero, pois afirmam reconhecer a diferença entre os termos apresentados. Quatro professores afirmaram que concordam parcialmente que a orientação sexual tem a ver com escolhas e opções, frente a cinco que afirmaram concordar plenamente e outros dois que discordam. É possível perceber que aqui a maioria do grupo, assim como entre os estudantes, acredita que a afetividade e a sexualidade são escolhidas pelos sujeitos e, conforme apontado anteriormente, há dificuldade em compreender uma visão mais ampla da identidade de gênero e da sexualidade e, especialmente, valorizar essas diferenças e ainda se mantém expectativas ao que é masculino e o que é feminino (LINS; MACHADO; ESCOURA, 2016).

Nove dos 10 professores entrevistados discordam da afirmação de que os comportamentos que não são heterossexuais devem ser considerados como um problema de saúde e somente um professor afirmou concordar em partes. Quanto à questão de que a homossexualidade é um problema espiritual manifestado pelo sujeito, houve unanimidade na resposta e os 10 entrevistados discordam dessa afirmação, o que podemos considerar como um sinal de neutralidade dos profissionais da educação dessa escola no que se refere às orientações religiosas quanto à sexualidade.

Questionados se acreditam que a convivência com pessoas homossexuais seria fator de influência na orientação sexual das crian-

DIVERSIDADE, SEXUALIDADE E EDUCAÇÃO: VIVÊNCIAS EM PATROCÍNIO (MG)

ças e adolescentes, metade dos professores discordam plenamente desta afirmação enquanto outra metade assinalou que concordava em partes. É possível atentar, nesse aspecto, para a divergência deste grupo em relação ao anterior nas respostas dessa questão, visto que para a maioria dos estudantes o contato com orientações sexuais diversas não determina a afetividade e a eroticidade de crianças e adolescentes. Há, nesse sentido, uma dificuldade que acreditamos estar associada ao fato de que a maioria dos estudantes afirmou que teve, no ensino médio, contato satisfatório, ou pelo menos algum contato, com a temática de gênero e sexualidade, enquanto oito dos professores participantes apontaram que houve o contato, mas não de forma satisfatória. Acreditamos que isso pode estar relacionado ao avanço da temática nas últimas décadas e das políticas públicas criadas visando respeitar a diversidade de gênero e sexualidade (FONSCECA; FERRARI, 2017), especialmente a partir da Constituição Federal, em 1988, e da criação da Lei de Diretrizes e Bases da Educação.

No entanto, essas políticas públicas, segundo os dados obtidos nesse questionário, ainda encontram dificuldades para avançar na prática. Tomando o que é orientado nos PCN, lançados oficialmente em 1997, e que dão destaque à diversidade sexual e de gênero, há considerável avanço entre o contato com a temática afirmado pelos estudantes em relação aos professores, ainda que cinco estudantes afirmem que o contato não foi suficiente. Assim como no grupo anterior, o par binário "masculino" e "feminino" também aparece na maioria das respostas dos professores quanto às palavras as quais esses associam o gênero. Tanto esse aspecto quanto o anterior podem ser considerados um sinal do que é apontado por Vianna (2012) da dificuldade de romper com os padrões associados aos papeis de gênero historicamente construídos e constantemente afirmados e reafirmados. Nesse sentido, os termos "feminino" e "masculino" aparecem com frequência, três vezes nessa ordem e uma vez na ordem inversa. Também há mais diversidade nas respostas desse grupo e aparecem uma vez cada os termos "homem", "mulher", "exclusão", "tristeza", "opção", "nascimento", "desenvolvimento", "sociológico"

ALEXANDRE VITOR CASTRO DA CRUZ

e "reprodução", e duas vezes o termo "sexualidade". Nesse sentido podemos considerar que ainda persiste em alguns profissionais da educação dessa escola a ideia da categoria de gênero relacionado a fatores biológicos como a reprodução e o nascimento e também como determinante da sexualidade (VIANNA, 2012). Além disso, as palavras "exclusão" e "tristeza", que aparecem em um dos questionários, também pode indicar para o fato de que ao menos um dos sujeitos desse grupo acredita que a diversidade de gênero pode ser alvo de repressões e preconceito. Em um dos questionários a incidência da resposta "sociológico" pode significar que um dos sujeitos desse grupo acredita que fatores sociais e culturais devem ser considerados ao se tratar das questões de gênero.

No item final do questionário, em relação as palavras que os entrevistados associam ao termo "orientação sexual" as respostas foram extremamente diversas. As palavras "sexo", "escolha", "família", "opção sexual", "desafio", "conhecimento", "opção", "atração" e "sentimento" aparecem uma vez cada. Os termos "escolha" e "liberdade" foram escritos duas vezes cada e um dos entrevistados respondeu que "cada um tem a sua definição própria". Por fim, as palavras "heterossexual" e "homossexual" foram escolhidas em dois questionários. Podemos concluir, por meio das respostas supracitadas, que outros aspectos foram considerados pelos profissionais da educação ao responder o questionário que não foram levados em conta pelo primeiro grupo, de estudantes. As ideias de liberdade, desenvolvimento, atração e sentimento podem ser tomadas, em certa medida, como os sinais de que os sujeitos desse grupo prezam pelo respeito à liberdade na vivência da afetividade e da sexualidade.

Em relação ao entendimento de que gênero e orientação sexual são a mesma coisa, oito membros do grupo correspondente à gestão e aos funcionários da escola discordam dessa afirmação, enquanto um não concorda em partes e outro não respondeu. Nesse sentido, essa resposta converge com as características do grupo dos professores. Seis dos 10 funcionários e membros da gestão escolar concordam em partes com a afirmação de que a orientação sexual tem a ver com

DIVERSIDADE, SEXUALIDADE E EDUCAÇÃO: VIVÊNCIAS EM PATROCÍNIO (MG)

as opções que cada sujeito faz, enquanto dois afirmam concordar plenamente e outros dois discordam.

Assim como no grupo anterior, a maioria dos sujeitos desse grupo não acredita que orientações sexuais que fogem do padrão heteronormativo devem ser consideradas como problema de saúde, visto que apenas dois entrevistados afirmaram concordar em partes, frente aos oito demais que discordam. Também assim como no grupo dos professores, para todos os membros da gestão e funcionários da escola, a homossexualidade não pode ser considerada como uma manifestação de um problema espiritual e todos assinalaram o item que indicavam discordar dessa afirmação. Por fim, apenas dois dos entrevistados concordam parcialmente com a afirmação de que a convivência com pessoas homossexuais pode influenciar na orientação sexual de uma criança ou de um adolescente e a maioria, ou seja, os oito sujeitos restantes, discordam dessa afirmação.

Quanto à questão de gênero e as palavras que cada entrevistado associa a ela, assim como nos dois grupos anteriores, os pares binários permanecem e os termos "masculino" e "feminino" aparecem em oito dos 10 questionários. Os dois entrevistados restantes preencheram os espaços com os termos "anatomia", "biologia", "biológico" e "reprodução", indicativo de que, para além da permanência dá ideia do gênero associado a papéis sociais pré-estabelecidos culturalmente, o termo gênero ainda vem sendo também associado ao que se propunham as primeiras investigações, ou seja, quanto aos impulsos afetivos e sexuais dos sujeitos associados sempre aspectos biológicos e reprodutores (PIOVEZAN, 2010).

Já quanto a orientação sexual, as respostas também foram diversas e o termo mais recorrente foi "escolha", que pode ser observado em três dos 10 questionários. Aparecem, uma vez cada, as palavras "psicologia", "atração", "instrução, "LGBT", "feminino", "masculino", "opção" e "viver bem". Os termos "heterossexual" e "homossexual" têm duas incidências, assim como o termo "dúvidas", que aparece em dois questionários. Assim como as respostas do grupo dos professores e diferentes das do grupo dos alunos, as questões, quando relacionadas ao preconceito e a falta de liberdade para plena vivência das funções afetivas e eróticas dos sujeitos, estão presentes nas respostas dos funcionários e da gestão escolar.

Por fim, apresentaremos agora os resultados obtidos nos questionários aplicados aos familiares dos estudantes. No que diz respeito a esse grupo, quatro dos entrevistados afirmaram discordar de que gênero e orientação sexual são praticamente a mesma coisa e um afirma concordar plenamente. Dois dos quatro sujeitos entrevistados afirmaram concordar plenamente com a afirmação de que orientação sexual das pessoas tem a ver com suas escolhas, enquanto outros dois afirmaram concordar parcialmente com o fato de que essas se referem a opções que cada um faz. Um dos participantes afirmou que discorda da afirmação de que a orientação sexual é uma questão de escolha e, o fato de que esse item tenha sido assinalado por apenas um dos participantes pode ser mais um dos sinais da dificuldade que ainda existe na sociedade e no contexto escolar de abandonar os padrões sexuais. Vale resgatar aqui o que é defendido por Foucault (1998), da capacidade das instituições hegemônicas de gerirem e regularem a sexualidade e afirmarem padrões de comportamento, ações que só dependem do próprio sujeito — segundo o senso comum — para se adequarem à norma, eliminando a possibilidade da diversidade.

São unânimes os posicionamentos dos familiares quanto ao fato de que a orientação sexual considerada ou como problema de saúde ou como um problema espiritual que o indivíduo pode manifestar, visto que todos afirmaram discordar das questões 18 e 19. Apenas um dos entrevistados desse grupo concordo em partes com a ideia de que crianças e adolescentes podem ser influenciados quanto a sua orientação sexual por pessoas homossexuais em sua convivência e os quatro demais assinalaram discordar dessa afirmação.

No que se refere às palavras que os entrevistados têm em mente ao ler a expressão "gênero", da mesma forma que nos outros três grupos anteriormente descritos, o par binário "feminino/masculino" aparece na maioria das respostas, visto que quatro dos cinco entrevistados responderam ao primeiro item da questão 22 com os termos "femi-

DIVERSIDADE, SEXUALIDADE E EDUCAÇÃO: VIVÊNCIAS EM PATROCÍNIO (MG)

nino" e "masculino", em um dos casos acompanhados pela palavra "nascimento". Também aparecem uma vez cada os termos "respeito" e "tolerância", mostrando relativa inclinação e conhecimento sobre o preconceito sofrido pelos LGBT.

No que se refere a orientação sexual, os familiares assinalaram palavras diversas que remetem a diversidade sexual. Aparecem os termos "LGBT", "hetero", "consciência", "vontade", "homossexual", "heterossexual", "escolha" e "livre-arbítrio", para além da frase "deve ser orientada na família e continuada na escola". Em certa medida, é possível considerar essa última resposta como elemento importante para compreender a concepção de alguns pais sobre a presença da temática de gênero no fazer educacional escolar, pois o sujeito entrevistado afirma que é preciso considerar uma primeira orientação sobre sexualidade na família que deve servir de base para os conteúdos tratados na escola.

Partindo dos dados aqui apresentados acreditamos ser essencial destacar alguns pontos importantes para nós. A maioria dos entrevistados discorda da ideia de que a manifestação da sexualidade está, de alguma forma, relacionada a aspectos espirituais ou questões de saúde. No entanto, também são recorrentes os termos que remetem a uma visão biologizante do gênero, o que podemos apontar como certa contradição, visto que, ao acreditar na despatologização e na diversidade de afetividade e sexualidade — pelo menos tomando como referência os autores e os debates tratados nessa pesquisa —, se espera que o sujeito tenha tomado esse posicionamento a partir da reflexão de que a sexualidade e o gênero estão associados a aspectos culturais e sociais.

Ainda assim, os resultados obtidos não nos permitem fazer essa associação no caso específico do nosso campo de análise. Além disso, não foram encontradas relações consideravelmente determinantes entre religiosidade e eventuais discordâncias quanto à importância das questões de gênero. Outro aspecto que julgamos importante é a incidência dos termos que remetem a tolerância e ao respeito a multiplicidade de sexualidades e orientações sexuais. Nesse sentido, julgamos necessário resgatar algumas discussões traçadas nos primeiros capítulos.

Quando Scott (1995) tenta desconstruir a ideia de que sexo e gênero são a mesma coisa, o faz partindo do princípio de que enquanto o sexo é biológico e palpável o gênero está ligado a aspectos culturais e sociais.

> Como um elemento constitutivo das relações sociais baseadas nas diferenças percebidas, o gênero implica quatro elementos inter-relacionados: em primeiro lugar, os símbolos culturalmente disponíveis que evocam representações simbólicas [...]; em segundo lugar conceitos normativos que expressam interpretações dos significados dos símbolos que tentam limitar e conter suas possibilidades metafóricas [...]. O gênero é construído através do parentesco, mas não exclusivamente. Ele é construído igualmente na economia e na organização política que, pelo menos em nossa sociedade, opera atualmente de maneira amplamente independente do parentesco. O quarto aspecto do gênero é a identidade subjetiva. (SCOTT, 1995, p. 86-87).

Essa defesa está embasada na ideia de que as relações de poder são construídas e reconstruída de tal forma que o sexo acaba sendo constantemente reafirmado como caminho para compreensão identificação do gênero. Mesmo com as mudanças no campo da sexualidade e como a proliferação dos discursos e discussões sobre a diversidade já no século 19, podemos perceber que nos grupos entrevistados ainda permanece a tendência de diferenciar as duas categorias citadas anteriormente. Dessa forma os questionários nos permitiram concluir que os sujeitos investigados nessa pesquisa permanecem associando a construção da identidade de homens e mulheres, em certa medida, como fator biológico, visto que, ao não serem capazes de identificar os papéis de gênero existentes na sociedade e sua construção cultural, acabam por negar autopercepção e a expressão espontânea da identidade de gênero do indivíduo na sociedade.

DIVERSIDADE, SEXUALIDADE E EDUCAÇÃO: VIVÊNCIAS EM PATROCÍNIO (MG)

Outro aspecto que chamou atenção foi a defesa de um dos familiares de que as questões relacionadas à sexualidade "devem inicialmente ser tratadas no ambiente familiar". Isso converge com a defesa de Foucault de que a sexualidade sofre grande influência das regras e padrões da família conjugal. Acreditamos que a motivação do entrevistado ao destacar a importância da família quanto a questão da sexualidade converge com as pesquisas do filósofo francês que afirmam que os aspectos da afetividade e da eroticidade apresentam uma trajetória de repressão que opera dentro da família a partir do controle, da injunção ao silêncio e da afirmação da centralidade familiar no que diz respeito ao controle do corpo.

Além disso, consideramos importante o fato de que a incidência de eventuais condenações da homossexualidade como um problema espiritual manifestado pelo indivíduo pode ser associada a defesa de fulgor da influência da Igreja na moral e no controle sexual. Evidentemente é preciso relativizar esse aspecto, apontado pelo autor, e considerar que Foucault (1998) trata especificamente da Igreja Católica e do cristianismo no contexto dos séculos 17 e 18, mas também acreditamos não ser possível ignorar que os dois únicos questionários em que o controle da sexualidade está associado a espiritualidade há uma convergência para a religião evangélica. É de comum conhecimento — e retomando ainda o posicionamento de certos segmentos religiosos quanto à questão LGBT — religiões de matriz evangélica tendem a se posicionar abertamente contrários aos direitos de livre expressão da sexualidade. Isso pode ser considerado como um aspecto importante para justificar essa associação feita pelos entrevistados.

Ao menos com as respostas com os questionários é possível afirmar que mesmo passado quase uma década, ainda parecem muito distantes da realidade escolar as discussões traçadas por Judith Butler quanto aos problemas de gênero. Em nenhuma das respostas abertas pareceu plenamente clara a possibilidade da identidade de gênero como passível de multiplicidade. Mais que isso, aparentemente as estruturas binárias que negam a multiplicidade identitária continuam extremamente presentes no imaginário dos sujeitos investigados nessa pesquisa. Por mais que esse sujeito não aparente concordar com a discriminação e com o preconceito, não parece que isso é justificado pela defesa de que não deve se condenar alguém pela sua sexualidade a partir da negação da universalidade e da totalidade propostas por Butler. Se podemos arriscar alguma justificativa, esta estaria mais próxima da tendência moderna de respeito às individualidades. Não podemos, portanto, concluir que os entrevistados compreendam a legitimidade das diversas identidades conforme defendido por Butler.

Também cabe apontar que, assim como indicado no primeiro capítulo, não é possível pensar na sexualidade sem ligá-la às crenças as ideologias e a imaginação. Mais que isso, podemos concluir que os movimentos, que as lutas pelos direitos LGBT ainda podem ser consideradas como extremamente necessários para a ruptura com os discursos heteronormativos e binários. Por mais que existam diversas políticas que estimulem a abordagem democrática e inclusiva das questões relacionadas a gênero e sexualidade, na escola parece não estar ainda muito esclarecida no imaginário dos entrevistados a diferença entre orientação sexual e opção sexual.

Dessa forma, tomando por base os termos "escolha" e "opção", frequentemente presentes nas respostas dos sujeitos de todos os grupos, aparentemente ainda não houve plena associação dos aspectos destacados na cartilha Diversidade Sexual e Cidadania LGBT. Esse documento reafirma que é importante não utilizar a expressão "opção sexual", pois o impulso da afetividade e da eroticidade do sujeito não se trata de uma escolha. Como já apontado no primeiro capítulo, esse documento serviu como base para elaboração de diversos outros voltados para a educação sexual e de gênero, inclusive do PPP da escola escolhida como lócus desta pesquisa. Arriscamo-nos afirmando que a frequente incidência do termo "masculino" precedendo o termo "feminino" pode ser considerado como um sinal da matriz masculinizante que impregna o funcionamento das instituições as quais estão submetidos tanto alunos quanto professores, funcionários, gestores e familiares.

DIVERSIDADE, SEXUALIDADE E EDUCAÇÃO: VIVÊNCIAS EM PATROCÍNIO (MG)

Destacamos anteriormente ao longo desse trabalho que acreditamos na escola como espaço privilegiado no que se refere à promoção de ações que fortaleçam a autoestima e o autocuidado, preparando o estudante para uma vivência democrática. Mais que isso, como um espaço onde devem ser valorizados o ensino-aprendizagem e os valores e, nesse sentido, é um ambiente privilegiado para implementar políticas de educação que contemplem a igualdade de gênero. Porém, os dados obtidos com o questionário nos permitiram confirmar o ponto de vista defendido por Vianna e Unbehaum (2004) de que ainda são escassas as políticas públicas educacionais para a redução da desigualdade de gênero.

> O gênero enquanto um modo de dar significado às relações de poder estabelecidas e difundidas pelas políticas educacionais está presente nas mais variadas esferas, níveis e modalidades de ensino. E a avaliação sistemática das políticas públicas educacionais, nesta perspectiva, pode-se tornar um precioso aporte para a percepção das desigualdades de gênero. (VIANNA; UNBEHAUM, 2004, p. 80).

A constante associação do termo "gênero" a pares binários — masculino/feminino, homem/mulher — nas respostas dos sujeitos investigados pode ser considerada como sinal de que a discriminação baseada no sexo ainda está presente no cotidiano escolar. Ainda tomando como base as discussões de Vianna (2012), as respostas dos questionários apontam para o fato de que ainda há dificuldade em romper com os padrões do senso comum sobre as identidades de gênero, bem como com as ideias de heteronormatividade. Isso porque ainda que grande parte dos entrevistados não condenem expressões diversas da sexualidade, associam o termo "gênero" à masculino/feminino e a "orientação sexual" à ideia de escolha, deixando claro a dificuldade em compreender a multiplicidade de identidade de gênero e sexualidades.

Nesse sentido, cabe resgatar a ponderação de Piovezan (2010) de que é preciso estar sempre atento ao cotidiano escolar sobre os aspectos da personalidade e do caráter do sujeito. Por isso, reafirmar papéis de gênero fixos é um movimento perigoso, pois deixa de lado identidades diversas. É muito presente no ambiente educacional escolar, portanto, a associação do gênero ao sexo biológico, aspecto já apontado por nós no primeiro capítulo. Essa associação pode ser analisada como derivada da dificuldade em romper com a dicotomia apontada por Vianna (2012), que também destaca que por mais que avanços tenham sido feitos ao longo da história, ainda falta muito para alcançar o ideal. Observar esses aspectos no cotidiano escolar é importante porque consideramos este ambiente como espaço ideal para a proposta de estudos efetivos e que corroborem com a diversidade que compõem o tecido social.

Reafirmamos aqui o que é defendido por Vianna e Unbehaum (2004, p. 101):

> Ultrapassar esses limites do tratamento dado pela legislação, planos e programas federais às relações de gênero no âmbito da política pública de educação implica ressaltar os avanços dos últimos documentos propostos, como é o caso do PNE e dos PCN, mas também significa questionar ainda mais a presença de estereótipos de gênero e refletir sobre o modo velado, ambíguo e, às vezes, reducionista que os significados de gênero assumem nos documentos aqui examinados.

Dessa forma, consideradas as contradições aqui apontadas, bem como os posicionamentos que convergem com os referenciais teóricos utilizados, dessa vez tomando como base eventuais convergências e apontamentos tanto do instrumento de pesquisa como do todo, o próximo tópico, portanto, apresenta uma análise das demais questões do questionário e suas possíveis associações.

Contribuições e lacunas escolares: o respeito à diversidade como via para a igualdade

Tendo em vista o percurso traçado nessa pesquisa e as questões e especificidades dos sujeitos apresentadas até o momento, esse tópico foi construído pensando em que medida a escola investigada auxilia na compreensão que esses sujeitos têm acerca da temática de gênero e diversidade sexual.

No questionário aplicado, as informações sobre esse aspecto podem ser encontradas nas questões 8 a 11 e 16 a 21. Assim como nos capítulos anteriores, analisamos primeiramente os dados dos estudantes e em seguida dos professores, da gestão escolar e funcionários e, por fim, dos familiares.

De acordo com os dados obtidos, 11 dos 19 estudantes afirmaram que não tiveram qualquer contato com temas relacionados a gênero ao longo do ensino fundamental. Outros cinco afirmaram que tiveram contato, mas não o suficiente. Por fim, apenas um estudante declarou que o contato que teve com a temática foi acima do que seria necessário, enquanto os dois restantes alegaram que o conteúdo sobre gênero foi tratado de forma satisfatória no ensino fundamental. Ao serem questionados sobre as disciplinas em que a temática foi tratada, Sociologia teve três incidências, seguida pelas disciplinas de Ciências e Biologia, que aparecem duas e uma vez, respectivamente.

Sobre o contato com a temática de gênero e sexualidade no ensino médio, oito estudantes afirmaram que tiveram contato suficiente com os temas relacionados, enquanto outros sete declararam que, apesar de a temática ter sido discutida, o conteúdo não foi tratado de forma satisfatória. Mais uma vez, um estudante manifestou o entendimento de que a temática foi abordada pelos professores do ensino médio até mais que o necessário. Quanto aos três restantes, estes declararam que gênero e sexualidade não foram tratados por nenhum professor.

Quanto a essas informações, uma das possibilidades que acreditamos justificar essas disparidades, é o fato de que as atividades ou aulas em que temas inclusivos sejam abordados diretamente aconteçam esporadicamente. Outra possibilidade é que as disciplinas em que os estudantes afirmaram trabalhar a temática são as de menor carga horária. A disciplina Sociologia aparece em 14 questionários, seguida pela disciplina Filosofia, que foi elencada por outros nove estudantes. Por fim, Biologia aparece na resposta de quatro dos 19 estudantes participantes, seguida pelas disciplinas História e Artes, que podem ser observadas em uma resposta cada.

Passando ao grupo dos professores, em relação ao mesmo questionamento apenas um dos abordados participantes assinalou a opção que diz respeito ao não contato com os temas relacionados a gênero no ensino fundamental. Outros dois professores afirmaram que tiveram contato suficiente com a temática, enquanto os sete demais profissionais declararam que estiveram em contato com temas relacionados a gênero no ensino fundamental, mas não de forma satisfatória. Tal como ocorreu com o grupo dos alunos, os profissionais da educação que responderam ao instrumento, os participantes elencaram poucas disciplinas que trataram da temática ao longo do ensino fundamental, sendo que a resposta mais recorrente foi o contato a partir das aulas de História, que possui cinco ocorrências, seguida por Ciências, com quatro ocorrências, e por Biologia, que aparece em duas respostas. Além disso, dois professores afirmaram que o contato no ensino fundamental com discussões relacionadas a gênero e sexualidade se deu por meio de professores de Português, para dois dos participantes, e, por fim, de Sociologia e História, que aparecem uma vez cada.

Podemos considerar que o pouco contato com a temática da diversidade sexual no ensino fundamental pode ser relacionado ao fato de a faixa etária média dos professores é de 39 anos, ou seja, cursaram o ensino fundamental no final dos anos 1980, antes da implementação das políticas públicas que incluíam a diversidade, como a Constituição de 1988, a Cartilha para a Diversidade e os PCN.

Quanto ao ensino médio, oito dos 10 docentes responderam que houve contato com a temática em referido nível de ensino, mas não de forma satisfatória, ao passo que os outros dois participantes informaram que o contato da temática nos últimos anos escolares se deu de forma suficiente frente às suas expectativas. Assim como ocorrido com a questão anterior (referente ao ensino fundamental), as respostas dos docentes participantes ficaram restritas a poucas disciplinas, quais sejam: Sociologia, com cinco ocorrências, seguida por Biologia, com quatro. As disciplinas de História e de Filosofia foram mencionadas em quatro questionários cada uma; a de Português, em três questionários e a de Artes, em um. Por fim, um dos professores não citou nenhuma disciplina, escrevendo no instrumento que o contato com a temática não se deu de forma suficiente, pois "por ser um tema de difícil entendimento e discussão, ainda existe um tabu". Na parte do instrumento em que era pedido ao participante que identificasse se "concorda plenamente", "concorda em partes" ou "discorda" de algumas assertivas, os resultados obtidos foram os seguintes: sete professores discordam da ideia de que assuntos como sexualidade e gênero não devem ser abordados pela escola, pois dizem respeito a valores familiares, ao passo que os outros três participantes afirmaram concordar em partes com essa afirmação.

Solicitados a identificar em ordem decrescente as principais fontes de seus conhecimentos sobre sexualidade e gênero, parte dos sujeitos pontuaram apenas alguns campos. A opção "internet" foi indicada seis vezes, "livros e revistas" cinco vezes, "família" e "amigos" quatro vezes cada. Por fim, cinco dos participantes no grupo dos professores pontuaram o campo "outros", não especificando os meios de informação.

No terceiro grupo de participantes, o da gestão e funcionários da escola, podemos notar respostas um pouco menos homogêneas frente aos dois grupos cujos dados foram apresentados anteriormente. Um dos investigados afirmou que teve contato com a temática de gênero no ensino fundamental até mais que o necessário e apontou as disciplinas Ciências e Língua Portuguesa como aquelas em que a temática foi tratada. Também um dos pertencentes ao grupo da gestão e funcionários declarou que o contato com a temática foi suficiente no ensino fundamental e afirmou que essas discussões foram melhor debatidas nas aulas de Ciências. Quatro outros investigados declararam que, apesar do fato de que a temática de gênero estava presente no currículo ao longo dos anos do ensino fundamental, essa não foi tratada de forma satisfatória, enquanto outros quatro afirmaram que as discussões sobre o tema não constaram ao longo da escolarização nas séries do ensino fundamental.

Entre os componentes desse grupo que afirmaram que gênero e diversidade sexual estavam presentes no currículo e nas aulas de forma satisfatória ou que foram tratadas, mas brevemente, a disciplina Ciências teve maior ocorrência nas respostas e foi escolhida por cinco dos 10 profissionais da gestão escolar e funcionários da escola para os quais o questionário dessa pesquisa foi aplicado. Por fim, a disciplina Ensino Religioso teve duas ocorrências, seguida pelas disciplinas Sociologia, História e Língua Portuguesa, com uma ocorrência cada. Além disso, um dos participantes afirmou que não se recorda das disciplinas que tratavam da temática no ensino fundamental.

Quando questionado sobre o contato com as temáticas relacionadas à sexualidade e gênero no ensino médio, um dos participantes deixou a questão em branco, enquanto outros três marcaram a opção referente à afirmação de que os debates e discussões sobre o tema se deram de forma satisfatória. Além disso, três outros participantes declararam que ao longo do ensino médio não tiveram acesso a debates sobre gênero, frente a outros três que afirmaram que a temática foi discutida, ainda que não de forma a satisfatória. Quanto às disciplinas em que a temática foi trabalhada, um dos investigados afirmou não se recordar e outro elencou as disciplinas Ciências, Sociologia e Biologia como fonte de informação sobre gênero e sexualidade. Também aparecem nas respostas dos demais participantes aos questionários as disciplinas Biologia, Sociologia, Filosofia, História e Ciências. Por fim, um dos membros da gestão escolar e funcionários afirmou que teve contato com a temática de gênero tanto na disciplina de Sociologia quanto na de Filosofia, mas que essas "a trataram de forma confusa".

Nem todos os participantes enumeraram as opções, como solicitado no enunciado da questão 21, que questionava de onde vinham os principais conhecimentos sobre sexualidade e gênero e optaram apenas por assinalar as que julgavam adequadas. Considerando essa especificidade, entre aqueles que apenas assinalaram as questões, as

DIVERSIDADE, SEXUALIDADE E EDUCAÇÃO: VIVÊNCIAS EM PATROCÍNIO (MG)

respostas mais recorrentes foram "livros e revistas", com três recorrências, seguida por outras fontes de informação, opção assinalada por dois participantes, mas cujas fontes não foram especificadas. Por fim, os itens "internet", "família" e "amigos" aparecem uma vez cada.

No que diz respeito aos familiares, dois dos participantes declararam que não tiveram contato com temas relacionados a gênero de forma satisfatória nas séries do ensino fundamental, enquanto um entrevistado afirmou que o contato com a temática foi suficiente. Outros dois participantes afirmaram que não tiveram qualquer debate sobre diversidade sexual e de gênero ao longo do ensino fundamental. Entre aqueles que declararam contato, suficiente ou não, com discussões acerca da temática, assim como no grupo anterior, a disciplina Ciências aparece em dois questionários, seguida pelas disciplinas História, Geografia e Sociologia, que tiveram uma incidência cada.

No que se refere ao ensino médio, três dos sujeitos investigados declararam que a temática estava presente no currículo, mas não de forma satisfatória. Quanto aos demais, um entrevistado afirmou que o contato com a temática ao longo do ensino médio foi suficiente, frente a outro que declarou que não houve qualquer contato. Sendo assim, dois dos cinco participantes afirmaram que as discussões relacionadas à temática de gênero foram trabalhadas nas disciplinas Biologia, que aparece em dois questionários, e Sociologia Filosofia, elencadas por um dos participantes e, por fim, Ensino Religioso, com uma incidência.

Quanto à opinião acerca da abordagem de assuntos como sexualidade e gênero pela escola de forma independente dos valores familiares, um dos participantes afirmou que acredita que é preciso respeitar os valores familiares e que essas temáticas não devem ser tratadas no ambiente escolar. Outro entrevistado declarou concordar em partes com a afirmação de que assuntos como sexualidade e gênero não deveriam ser abordados pela escola, pois dizem respeito a valores familiares. Os três participantes restantes que compõem esse grupo declararam discordar totalmente da afirmação anterior. Assim como nos grupos anteriores, houve confusão ao responder à questão 21 e apenas dois dos participantes pertencentes a esse grupo enumerou corretamente as questões de acordo com o solicitado no enunciado da questão. Enquanto um deles elencou, nessa ordem, "livros e revistas", "amigos", "internet", "escola", "família" e "outros", o outro classificou "família", "livros e revistas", "internet", "amigos", "escola" e "outros", respectivamente, como suas principais fontes de informação sobre os conhecimentos que possuem sobre gênero. Os demais participantes assinalaram mais frequentemente a opção referente à "internet", seguida pela opção "livros e revistas" e "amigos", que aparecem dois questionários cada.

Ao analisarmos os dados obtidos e anteriormente descritos, foi possível observar uma série de aspectos interessantes e que aparecem nas reflexões dos autores que embasam essa pesquisa. Muitos dos participantes, especialmente aqueles referidos aos grupos dos professores, da gestão escolar e funcionários e de familiares elencados para essa pesquisa, afirmaram que o contato com a temática de gênero e diversidade sexual se deu essencialmente nas disciplinas de Ciências e Biologia. Acreditamos que é possível considerar esse aspecto como um sinal de que a sensação de pertencimento ou não às categorias de gênero feminino e masculino — ou seja, de uma visão binária do gênero e do sexo biológico — ainda estão muito presentes no imaginário dos participantes, além de estarem ainda muito ligadas à dimensão anatomofisiológica e à ideia biológica de gênero.

Mesmo que já na década de 1970 as discussões acerca da sexualidade tenham sido ampliadas e distanciados de uma compreensão biologizante, a tendência a essa associação permanece na concepção de algum dos sujeitos investigados nessa pesquisa. Afirmamos isso porque nos grupos dos professores, da gestão e funcionários e dos familiares foi possível notar não somente uma maior recorrência das disciplinas Biologia e Ciências como canais de informação sobre gênero e sexualidade, mas também, em relação ao grupo dos estudantes, o contato destes grupos com a temática foi bem menos satisfatório, de acordo com a opinião deles. Podemos considerar isso como um traço de maior valorização de temas inclusivos como uma tendência das últimas décadas da educação brasileira, especialmente após a emergência de diversos programas e orientações do governo que foram relatados ao longo do primeiro e do segundo capítulos.

Além disso, notamos que entre os estudantes, tanto no ensino fundamental quanto no médio, as disciplinas que recorrentemente mais trataram da temática da diversidade de gênero e sexualidade foram Sociologia e Filosofia. Acreditamos que isso pode ser considerado um reflexo do fato de que os principais pesquisadores e os principais debates acerca da garantia à igualdade, dignidade e liberdade de sexualidade e gênero estiveram, ao longo da história, ligados às áreas das Ciências Humanas, entre elas Sociologia e Filosofia, mas também a Psicanálise, a Antropologia e a História.

Acreditamos que, em certa medida, isso pode explicar o fato de que a maioria dos estudantes acredita que temática de gênero foi trabalhada, mesmo no ensino médio, ou de forma pouco satisfatório ou sequer foi trabalhada. Disciplinas básicas do currículo escolar como Matemática, Química e Física sequer são mencionadas ao longo dos questionários e outras, como História, Artes, Língua Portuguesa e Geografia têm recorrência ínfima se comparadas à Sociologia e Filosofia. A questão da interdisciplinaridade, destacada como fundamental nos Parâmetros Curriculares Nacionais, não pôde ser identificada em nenhuma das respostas dos questionários em nenhum dos grupos selecionados para pesquisa.

Quanto à presença da temática de gênero e diversidade sexual na educação básica, acreditamos que vale a pena retomar aqui as pesquisas realizadas por Corrigan (1991) e Epstein e Johnson (1998) que indicaram que a temática da sexualidade do gênero tem sido abordada a partir de uma ótica de correção e adequação dos corpos, a partir da dessexualização do ambiente escolar. Nas respostas dos grupos participantes foi possível notar, especialmente entre os mais velhos, a defesa mais frequente de que os temas de sexualidade e gênero ou não deveriam de forma alguma ser abordado pela escola ou só deveriam caso respeitados os valores familiares.

Esses aspectos podem ser relacionados à influência do discurso médico que influencia os discursos de gênero no século 19 e que permanece restrita a esses até os anos 80 (PIOVEZAN, 2010). Essa concepção, para além de não abarcar a diversidade sexual e de gênero como legítima, reafirma e legitima relações de poder em que é preciso controlar a sexualidade e manter esses debates restritos à Ciência e à Biologia nos primeiros anos escolares e pode ser considerada uma forma de adiar o máximo possível o contato com a identidade de gênero sob uma perspectiva inclusiva de identidade de gênero e sexualidade (FOUCAULT, 1998). Esse fato reafirma que a ideia de uma moral heteronormativa está ainda muito permeada no imaginário dos participantes, especialmente entre aqueles de mais idade e entre aqueles em que o contato com os debates inclusivos não esteve presente no cotidiano escolar.

Nesse sentido, julgamos essencial realçar aqui o papel do material proposto pelo Ministério da Educação e Cultura em 2006, voltado para a formação para a diversidade e inclusão na educação básica, o *Educar na Diversidade*. Assim como já descrito no terceiro tópico do primeiro capítulo, essas políticas públicas voltadas para a educação mais inclusiva, também no que se refere à sexualidade, foram idealizadas para construir e apoiar práticas escolares que contribuem para que as escolas fiquem menos restritas e para que os profissionais da educação possam receber uma melhor formação acadêmica.

Uma observação mais cuidadosa pode auxiliar na conclusão de que o número de alunos que afirmam ter contato com a temática no ensino médio é, proporcionalmente, cerca de 50% maior quando comparado aos grupos dos professores, da gestão e funcionários e dos familiares. Acreditamos que esse pode ser considerado um forte indicativo de que atualmente a escola investigada têm oferecido um espaço maior para os debates sobre gênero se comparado à relevância da temática na vida escolar dos participantes mais velhos.

Outro aspecto que julgamos essencial destacar é uma das respostas que aparece em um questionário do grupo da gestão e funcionários. Um dos participantes afirma que apesar do fato de que os

DIVERSIDADE, SEXUALIDADE E EDUCAÇÃO: VIVÊNCIAS EM PATROCÍNIO (MG)

temas relacionados a gêneros estiveram presentes em sua formação ao longo do ensino médio nas disciplinas de Sociologia e Filosofia, estas faziam confusão.

Assim, julgamos ser necessário relativizar a ideia de que os programas e as políticas públicas voltadas para a educação inclusiva tenham sido plenamente eficazes no que se propõe. Nesse sentido, acreditamos ser conveniente retomar Piovezan (2010), que pondera que as discussões sobre gênero nas escolas sob uma perspectiva político-social não estão de fato presentes no cotidiano da educação brasileira. Partimos, para fazer essa afirmação, dos dados obtidos na questão número 10 dos questionários aplicados aos alunos, em que apenas oito dos 20 estudantes participantes declararam que a temática foi suficientemente trabalhada ao longo do ensino médio. Além disso, visto que outros 10 estudantes declararam que tiveram um pouco ou nenhum contato com debates sobre gênero e diversidade sexual no ensino médio e apenas um declarou ter mais contato que o necessário, acreditamos que a ideia defendida por Piovezan (2010) faz ainda mais sentido.

Assim, acreditamos ser necessário resgatar a ideia — presente logo ao fim do primeiro capítulo — de que ainda existem muitos ajustes e desafios a serem vencidos, não somente no que se refere à associação de gênero e sexo biológico, mas também em relação à necessidade de evidenciar a dominação e o poder que a hierarquização de gêneros e orientações sexuais e estimular o engajamento político social. Além disso, julgamos necessário reafirmar não somente a importância da escola como também dos professores no que se refere a temática de gênero e sexualidade. Tanto escola quanto os educadores possuem papel essencial, pois na vivência do cotidiano escolar é possível refletir e repensar habilidades e práticas pedagógicas baseadas na colaboração entre os diversos setores e as diversas abordagens educacionais.

CONSIDERAÇÕES FINAIS

Ao longo do desenvolvimento desse trabalho, desde a pesquisa bibliográfica até a análise dos dados dos questionários, foi possível perceber que, assim como apontado por Foucault (1998), a escola oferece um espaço para a temática da diversidade de gênero que por vezes é insuficiente, visto que os temas muitas vezes são estudados de forma isolada, em disciplinas específicas, ou relacionadas a ideias biologizantes e moralizantes. Além disso, ao longo da investigação, foi possível confirmar o desafio apresentado por Teis e Teis (2006) — e que recebeu destaque logo na introdução do presente trabalho — de que certos elementos da subjetividade dos sujeitos são difíceis de captar e que é preciso filtrar as experiências pessoais enquanto pesquisador a partir do referencial bibliográfico escolhido.

Nesse sentido, ao conciliar a pesquisa bibliográfica, a observação participante e os questionários como fontes de análise e informação, foi possível perceber as perspectivas sobre gênero que os sujeitos participantes da pesquisa se encontram ainda muito afastados do que se propõe as pesquisas contemporâneas de gênero. Notou-se que os sujeitos envolvidos na pesquisa ainda têm dificuldades para diferenciar sexo biológico, gênero e orientação sexual. Esse aspecto é importante para nossa pesquisa, pois aponta o quão distante a realidade empírica ainda está dos teóricos da Filosofia, da Sociologia, da Psicologia e de tantas outras ciências, e das concepções sobre sexo biológico, gênero e orientação sexual que foram desenvolvidas na última década.

Connell e Pearse (2015) também alertam para as consequências do binarismo ao afirmar que ser homem ou ser mulher não é algo predeterminado e, por isso, é necessário compreender sexo biológico e gênero como dois universos relacionados, mas fundamentalmente distintos. A grande maioria dos investigados na presente pesquisa, bem como os pontos apresentados do PPP da escola que analisamos, não possui clareza quanto a essa diferenciação, principalmente porque por mais que a maioria afirme não acreditar que gênero e orientação sexual são praticamente a mesma coisa, podemos notar que ainda persistem associações do gênero à aspectos biológicos. Isso não somente pela frequente associação de gênero ao par masculino/feminino, mas também porque em alguns questionários podemos notar que alguns participantes também associam às palavras "biológico", "reprodução", "sexualidade" e "opção". Para nós, esse são sinais claros da dificuldade dos participantes de compreender o debate da diversidade sexual em uma ótica pós-estruturalista, como proposto pelos autores quem embasam essa pesquisa.

Quando Butler (2008) defende o caráter de performatividade não somente dos papéis de gênero, mas também do sexo biológico propriamente dito, a autora o faz apontando para o fato de que esse caráter performativo está muito mais relacionado à dominação e ao poder que a vivência da sexualidade propriamente dita. Para ela, a constante afirmação e a reafirmação da "natureza biológica" dos papéis de gênero e do sexo biológico a partir do binarismo atuam como signos, materiais e imateriais, e é feita com o intuito de estabelecer papeis e comportamentos ideias, afastando tudo o que não esteja adequado à normalidade — nesse caso, a heteronormatividade e o binarismo.

Outro aspecto importante que foi possível notar ao longo do desenvolvimento dessa pesquisa é a necessidade de defender, para além de políticas públicas, a existência e permanência de um espaço educacional que preze não somente por tratar de diferenças anatômicas entre mulheres e homens, com as práticas e tabus que são construídos e mantidos ao longo da história da humanidade, mas que esteja realmente voltando para a formação político-social que valorize a igualdade no tratamento de todos os estudantes e demais membros da comunidade escolar. Manter as discussões de gênero somente referidas aos papeis sociais desempenhados por homens e mulheres na sociedade, prezando pela ruptura de comportamentos hierárquicos e machistas, aparentemente auxilia pouco no debate sobre igualdade de gênero e menos ainda no que se refere à diversidade sexual.

DIVERSIDADE, SEXUALIDADE E EDUCAÇÃO: VIVÊNCIAS EM PATROCÍNIO (MG)

Nesse sentido, atentamos para a necessidade de pesquisas como as de Vianna (2012), que apontam para a dificuldade de romper com os padrões tradicionais relacionados a uma concepção binária de gênero e sexualidade para além da heteronormatividade. Segundo a autora, e também de acordo com os dados que obtivermos ao longo dessa pesquisa, as expectativas dos profissionais da educação e dos demais membros da comunidade escolar frente ao debate sobre sexualidade no currículo educacional se apresentam de forma múltipla e contraditória. Convergem, nesse sentido, os dados obtidos nas respostas às questões abertas do questionário, especialmente a última questão, em que o entrevistado deveria escrever as duas primeiras palavras que lhe remetiam as expressões "gênero" e "orientação sexual". Ao mesmo tempo em que, em relação a gênero, as respostas incluíram o par binário homem e mulher, também foi possível notar que alguns dos participantes defendem uma perspectiva mais inclusiva ao falar de respeito às individualidades, como relatado no tópico anterior do presente capítulo.

A dificuldade em romper com essa dicotomia apresentada por Vianna (2012) se confirmou nas respostas dos sujeitos investigados às questões do instrumento de investigação proposto nessa pesquisa. Julgamos também necessário considerar aspectos presentes no PPP da escola que prezam pela dignidade, igualdade e inserção social e que estimulam o diálogo e trabalho coletivos de modo a criar um ambiente escolar propício para o desenvolvimento emocional, físico e afetivo. O respeito à diversidade e as condições adequadas para que os docentes possam desempenhar um bom trabalho também são propostas contidas no documento, mas ainda assim não há um direcionamento específico às formas diversas de vivência da sexualidade e afetividade. Apesar de estarem presentes questões relacionadas à orientação sexual, à saúde e à diversidade, por meio do desenvolvimento de projetos que prezam por essas temáticas, nenhum dos estudantes, professores ou membros da gestão e funcionários relataram a presença de projetos que trabalham essas questões.

Ao analisarmos o PPP, no primeiro tópico desse capítulo, alertamos para o fato de que, por vezes, as informações contidas no plano político pedagógico da escola estudada são insuficientes. Reiteramos o caráter filosófico do PPP e as respostas obtidas nos questionários auxiliam a confirmar a tese de que não basta somente defender o respeito à igualdade, é preciso que a singularidade das questões que envolvem o gênero e diversidade sexual seja valorizada.

Nesse sentido, acreditamos que a perspectiva de Maturana (2002) nos auxilia a entender esse processo. Ao defender que *organização* e *estrutura*, apesar de substancialmente distintas, devem trabalhar simultaneamente, Maturana mostra a importância de conciliar as particularidades que compõe a identidade de um sistema às relações mútuas com todo, nesse caso da escola com toda a sociedade. Para conciliar esses dois universos, o autor defende que é necessária a constante modificação e readaptação, de acordo com as necessidades dos envolvidos e respeitando as individualidades.

A ausência dos termos "transexual", "transgênero" ou mesmo a menção da teoria *queer* — além de tantos outros termos mencionados ao longo dessa pesquisa e que são importantes para a afirmação das identidades dos sujeitos — se apresentou para nós como um indicativo de que ainda há um longo caminho a percorrer para atingir a autonomia e a independência dos estudantes. Além disso, apontou para a necessidade de ampliar não somente as pesquisas voltadas para a diversidade sexual e de gênero no ambiente escolar, mas também que ainda são escassas as práticas pedagógicas que valorizem a autoestima e as especificidades da subjetividade de cada estudante e de cada sujeito envolvido na vivência escolar.

Retomando Maturana, podemos nos perguntar: que mundo queremos? O pensador propõe uma resposta:

> Quero um mundo em que meus filhos cresçam como pessoas que se aceitam e se respeitam, aceitando e respeitando outros num espaço de convivência em que os outros os aceitam e respeitam a partir do aceitar-se e respeitar-se a si mesmos. Num espaço de convivência desse tipo, a negação do outro será sempre um erro detectável que se pode e se deseja corrigir. (MATURANA, 2002, p. 30).

DIVERSIDADE, SEXUALIDADE E EDUCAÇÃO: VIVÊNCIAS EM PATROCÍNIO (MG)

Acreditamos que as informações contidas nessa pesquisa são relevantes para os Estudos de Gênero e diversidade sexual no ambiente escolar, pois ainda são escassos programas e projetos voltados para a valorização das múltiplas identidades. Mais que isso, as questões levantadas e os dados obtidos com os questionários aplicados confirmam o que é apontado pelos autores que fundamentam a base teórica sobre a qual essa pesquisa foi desenvolvida, mostrando que a temática diversidade sexual e de gênero e de práticas pedagógicas inclusivas, apesar de estarem presentes há algumas décadas nos debates sobre a educação, ainda tem um longo caminho a percorrer para alcançar de fato a democracia, a igualdade e o respeito a todos.

REFERÊNCIAS

ABREU-BERNARDES, S. T.; MÁRQUES, F. T.; BERNARDES, L. A. Outros campos, outros gafanhotos: reinvenções da antropologia na pesquisa em educação. **Revista Profissão Docente**, v. 15, n. 33, p. 115-126, 2016.

ABREU-BERNARDES, S.T.; MÁRQUES, F. T.; BATISTA, G.A. Um relato sobre as produções no Triângulo Mineiro. **Inter-ação** (UFG. Impresso), v. 38, p. 129-143, 2013.

ALMEIDA, M. de F. M. **Patrocínio** – Ontem e Hoje. Prefeitura Municipal, Patrocínio – MG, 2008.

ANDRE, M. E. D. A. **Etnografia da prática escolar**. Papirus editora, 1995.

BALIEIRO, F. F. O queer e o conceito de gênero. **Quereres**. Núcleo de Pesquisa em Diferenças, Gênero e Sexualidade. UFSCar, 2011.

BEAUVOIR, S. **O segundo sexo** (1967). 8. ed. Rio de Janeiro: Nova Fronteira, 1991.

BRASIL, Parâmetros Curriculares Nacionais. Parâmetros curriculares nacionais: terceiro e quarto ciclos do ensino fundamental: língua portuguesa. **Brasília: MEC/SEF**, 1998. Disponível em: www.planalto.gov.br/ccivil_03/constituicao/constituicaocompilado.htm Acesso em: 18 nov. 2017.

BRASIL. **Constituição Federal**, 1988.

BRASIL. IBGE. **Censo demográfico,** 2010. Disponível em: www.ibge.gov.br Acesso em: 18 nov. 2017.

BRASIL. IBGE. **Censo demográfico,** 2017. Disponível em: www.ibge.gov.br Acesso em: 18 nov. 2017.

BRASIL. **Lei de Diretrizes e Bases**. Lei n.º 9.394/96, de 20 de dezembro de 1996.

BRASIL. Ministério da Educação e do Desporto. Secretaria de Educação Fundamental.

BUTLER, J. **Problemas de gênero**: feminismo e subversão da identidade. São Paulo: Editora Record, 2008.

CAMPOS, M.T. A; DE TILIO, R.; CREMA, I. L. Socialização, gênero e família: uma revisão integrativa da literatura científica. **Pensando famílias**, v. 21, n. 1, p. 146-161, 2017.

CARDOSO, F. L. O Conceito de orientação sexual na encruzilhada entre sexo, gênero e Motricidade. **Interamerican Journal of Psychology**, Porto Alegre, v. 42, n.2, p. 69-79,2008.

CONNELL, R. **Gênero em termos reais**. São Paulo: nVersos, 2016.

CONNELL, R.; PEARSE, R. **Gênero**: uma perspectiva global. São Paulo: nVersos, 2015.

CORRIGAN, P. Making the boy: meditations on what grammar school did with, to and for my body. *In:* GIROUX, R. (org.) **Postmodernism, feminism and cultural politics.** Nova York: State University of New York Press, 1991: 196-216.

COSTA, C. Feminismo e tradução cultural: sobre a colonialidade do gênero e a descolonização do saber. **Portuguese Cultural Studies**, 4, Fall, 2012. Disponível em: http://www2.let.uu.nl/solis/psc/p/PVOLUMEFOUR/PVOLUMEFOURPAPERS/P4DELIMACOSTA.pdf. Acesso em: 3 set. 2018.

DANILIAUSKAS, M. **Relações de gênero, diversidade sexual e políticas públicas de educação**: uma análise do Programa Brasil Sem Homofobia, v. 9, 2011.

DE JESUS, J. G. **Orientações sobre identidade de gênero**: conceitos e termos. 2012.

DE TÍLIO, R. **Inquéritos policiais e processos de crimes sexuais**: estratégias de gênero e representações da sexualidade. Tese (Doutorado em Psicologia) – Programa de Pós-graduação em Psicologia, Universidade de São Paulo, São Paulo, 2009.

DE TÍLIO, R. Teorias de gênero: principais contribuições teóricas oferecidas pelas perspectivas contemporâneas. **Revista Gênero**, v. 14, n. 2, 2014.

DERRIDA, J. **Gramatologia**. São Paulo: Perspectiva, 2004.

DIAS, M. B. **Estatuto da Diversidade sexual**: a promessa de um Brasil sem preconceito. 2015. Disponível em: http://www.direitohomoafetivo.com.br. Acesso em: 30 maio 2018.

DINIS, N. F. **Educação, relações de gênero e diversidade sexual**. 2009.

DUARTE, T. A possibilidade da investigação a 3: reflexões sobre triangulação (metodológica). **Cies e-working paper**. Centro de Investigação e Estudos de Sociologia. 2009.

DUK, C. **Educar na diversidade**: material de formação docente. Brasília: MEC, Seesp, 2006.

EPSTEIN, D.; JOHNSON, R. **Schooling sexualities** (Buckingham England, Open University Press). 1998.

FERRARI, A. Revisando o passado e construindo o presente: o movimento gay como espaço educativo. **Rev. Bras. Educ.**, Rio de Janeiro, n. 25, p. 105-115, Abr. 2004. Disponível em: http://www.scielo.br/scielo.php?script=sci_arttext&pid=S1413-24782004000100010&lng=en&nrm=iso. Acesso em: 25 maio 2018. http://dx.doi.org/10.1590/S1413-24782004000100010

FERRAZ, D.; KRAICZYK, J. Gênero e Políticas Públicas de Saúde–construindo respostas para o enfrentamento das desigualdades no âmbito do SUS. **Revista de Psicologia da Unesp**, v. 9, n. 1, p. 70-82, 2017.

FLEURY, A. C. C.; FLEURY, M. T. L. **Aprendizagem e inovação organizacional**: as experiências de Japão, Coréia e Brasil. Atlas, 1995.

FONSECA-MORELLO, T. *et al.* Queimadas e incêndios florestais na Amazônia brasileira: porque as políticas públicas têm efeito-limitado. **Ambiente & Sociedade**, São Paulo, v. 20, n. 4, p. 19-40, 2017.

FOUCAULT, M. **História da sexualidade I**. Rio de Janeiro: Edições Graal, 1988.

GEERTZ, C. **The interpretation of cultures**. Basic books, 1973.

HARAWAY, D. J. **Ciencia, cyborgs y mujeres**: la reinvención de la naturaleza. Universitat de València, 1995.

JUNQUEIRA, R. D. (org.). **Diversidade sexual na educação**: problematizações sobre a homofobia nas escolas. Brasília: MEC; Secad; UNESCO, 2009. Disponível em: http://unesdoc.unesco.org/images/0018/001871/187191por. pdf. Acesso em: 11 mar. 2018.

LIMA, A. B. (org.). **PPP**: Participação, gestão e qualidade da educação. Uberlândia/MG: Assis Editora, 2015.

LINS, B. A.; MACHADO, B. F. ESCOURA, M. Diferentes, não desiguais. **Revira volta**. São Paulo, 2016.

LOURO, G. L. *et al*. Pedagogias da sexualidade. **O corpo educado**: pedagogias da sexualidade, v. 2, p. 7-34, 1999.

LOURO, G. L. Gênero e sexualidade: pedagogias contemporâneas. **Pro-posições**, v. 19, n. 2, p. 17-23, 2008.

LOURO, G. L. Gênero, sexualidade e educação: das afinidades políticas às tensões teórico-metodológicas. **Educação em Revista**, n. 46, p. 201-218, dez. 2007a.

LOURO, G. L. **Gênero, sexualidade e educação**: uma perspectiva pós-estruturalista. 9. ed. Petrópolis, RJ: Editora Vozes, 2007b

LUCKESI, C. C. **Filosofia da educação coleção magistério 2ºgrau**. Série formação do professor. 1994.

LÜDKE, M; ANDRÉ, M. E.D.A. **Pesquisa em educação**: abordagens qualitativas. São Paulo: EPU, 1986.

MALINOWSKI, B. **Argonautas do pacífico ocidental**. São Paulo: Abril Cultural, v. 2, 1978.

MARQUES, A. C. **Intrigas e questões**: vingança de família e tramas sociais no sertão de Pernambuco. Relume Dumará, 2002.

MÁRQUES, F.T. Gênero e diversidade sexual na Educação Básica: das políticas públicas à arena da política. **Relatório de Pesquisa**. 2016.

MATEUS, I. O.; MÁRQUES, F. T. Gênero nos Parâmetros Curriculares Nacionais: considerações sobre o tema transversal orientação sexual. **Relatório de Pesquisa**. Fundação de Amparo à Pesquisa de Minas Gerais – FAPEMIG. 2017.

MATURANA, H. R. **Emoções e linguagem na educação e na política**. Editora UFMG, 2002.

MONEY, J. **Gay, straight, and in-between**: the sexology of erotic orientation. New York: Oxford University, 1988

MOREIRA, I. R. **Diversidade sexual como direito fundamental**: o reconhecimento jurídico da homoafetividade no Brasil. Curitiba: Juruá, 2015.

ONU. Declaração Universal dos Direitos Humanos. Adotada e proclamada pela resolução 217 A (III) da Assembleia Geral das Nações Unidas em 10 de dezembro de 1948. Disponível em: http://www.direitoshumanos.usp.br/index.php/Declara%C3%A7%C3%A3o-Universal-dos-Direitos-Humanos/declaracao-universal-dos-direitos-humanos.html. Acesso em: 30 maio 2018.

OSTERMANN, A. C. *et al.* **Linguagem, gênero, sexualidade**: clássicos traduzidos. São Paulo: Parábola Editorial, 2010.

PALMA, Y. A. *et al.* Parâmetros curriculares nacionais: um estudo sobre orientação sexual, gênero e escola no Brasil. **Temas em Psicologia**, v. 23, n. 3, p. 727-738, 2015.

Parâmetros curriculares nacionais: ensino fundamental. Brasília: MEC/SEF, 10 volumes, 1997

PIOVEZAN, G. Notas sobre políticas públicas de gênero e educação. **Anais do I Simpósio sobre Estudos de Gênero e Políticas Públicas.** Universidade Estadual de Londrina, 24 e 25 de jun. 2010

PPP. Projeto Político Pedagógico da escola investigada. Patrocínio, MG. 2018.

RODRIGUES, C. Butler e a desconstrução do gênero. **Revista Estudos Feministas**, v. 13, n. 1, p. 179-183, 2005.

RUBIN, G. The political economy of sex. **Feminist Anthropology**: a reader, v. 87, 2009.

RUBIN, G. The traffic in women. *In:* REITER, R. (org.). **Toward an anthropology of women**. New York: Monthly Review Press, 1975. p. 157-210

SÃO PAULO. Governo do Estado. Secretaria da Justiça e da Defesa da Cidadania. Coordenação de Políticas para a Diversidade Sexual. **Diversidade sexual e cidadania LGBT**. São Paulo: SJDC/SP, 2014. 44p. Disponível em http://www.recursoshumanos.sp. gov.br/lgbt/cartilha_diversidade. pdf. Acesso em: 1 maio 2018.

SCOTT, J. Gênero: uma categoria útil para a análise histórica. **Educ. e Realid.**, v. 20, n. 2, 1995.

SENKEVICS, A. **O conceito de gênero por Gayle Rubin**: o sistema sexo/gênero. Ensaios de Gênero, 2012. Disponível em: https://ensaiosdegenero. wordpress.com/2012/04/16/o-conceito-de-genero-por-gayle-rubin-o-sistema-sexogenero/. Acesso em: 3 fev. 2017.

SENKEVICS, A. **O conceito de gênero por Judith Butler**: a questão da performatividade. Disponível em: https://ensaiosdegenero.wordpress. com/2012/05/01/o-conceito-de-genero-por-judith-butler-a-questao-da--performatividade/. Acesso em: 3 fev. 2017.

SPARGO, T. **Foucault e a teoria queer**: seguido de Ágape e êxtase: orientações pós-seculares. Belo Horizonte: Autêntica, 2017.

STOLLER, R. J. **Masculinidade e feminilidade**: apresentações do gênero. Artes Médicas, 1993.

TEIS, D. T; TEIS, M. A. A abordagem qualitativa: a leitura no campo de pesquisa. **Biblioteca On-line de Ciências da Comunicação**, v. 1, p. 1-8, 2006.

TEIXEIRA, B. de B. **Por uma escola democrática**: colegiado, currículo e comunidade. 2000. 334f. Tese (Doutorado em Educação) – Faculdade de Educação, Universidade de São Paulo, São Paulo, 2000.

TONELI, M. J. F. Gênero e Sexualidade: histórias, condições e lugares. **Diálogos em psicologia social**. Rio de Janeiro: Centro Edelstein de Pesquisas Sociais, 2012.

TORRÃO FILHO, A. *et al.* Uma questão de gênero: onde o masculino e o feminino se cruzam. **Cadernos Pagu**, n. 24, p. 127-52, jan./jun. 2004.

TOZONI-REIS, M. F. C. **Metodologia da pesquisa**. 2. ed. Curitiba: IESDE Brasil S.A., 2009.

VIANNA, C. *et al.* Gênero, sexualidade e políticas públicas de educação: um diálogo com a produção acadêmica. **Pro-Posições**, Campinas, v. 23, n. 2, p. 68, 2012.

VIANNA, C. Gênero na educação básica: quem se importa? Uma análise de documentos de políticas públicas no Brasil. **Educação & Sociedade**, v. 27, n. 95, 2006.

VIANNA, C.; UNBEHAUM, S. O gênero nas políticas públicas de educação no Brasil: 1988-2002. **Cadernos de Pesquisa**, v. 34, n. 121, p. 77-104, 2004.

WEEKS, J. **El malestar de la sexualidad** [The discomfort of sexuality]. Madrid, Spain: Talasa, 1993.